イスラエル国、西岸・ガザ地区
State of Israel, The West Bank and Gaza Strip

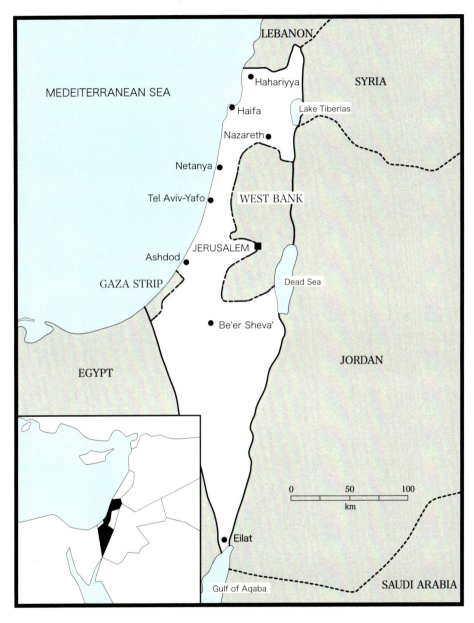

イスラエル 2025/26
CONTENTS

政治・社会情勢
 1 歴史的概況 ･････････････････････････････････････ 7
 2 最近の政治動向 ･･･････････････････････････････ 10
 3 政治体制 ･････････････････････････････････････ 20
 4 外交関係 ･････････････････････････････････････ 26
   (1) 概　況 ･･････････････････････････････････ 26
   (2) 米国との関係 ････････････････････････････ 27
   (3) 欧州との関係 ････････････････････････････ 32
   (4) WTO・他加盟状況 ････････････････････････ 35

経済動向
 1 経済構造 ･････････････････････････････････････ 37
 2 経済動向 ･････････････････････････････････････ 44

貿易・投資動向
 1 貿易動向 ･････････････････････････････････････ 51
 2 投資動向 ･････････････････････････････････････ 61
   (1) 概　況 ･･････････････････････････････････ 61
   (2) 最近の投資動向 ･･････････････････････････ 64
 3 国際収支 ･････････････････････････････････････ 67
   (1) 経常収支 ････････････････････････････････ 67
   (2) 対外債務残高・外貨準備 ･･････････････････ 69

経済・貿易政策と制度
 1 経済政策 ･････････････････････････････････････ 73
   (1) 経済の自由化の推進 ･･････････････････････ 73
   (2) イスラエルの世界トップクラスの AI 拠点 ･････ 74
 2 財政・金融政策 ･･･････････････････････････････ 77
   (1) 財政政策 ････････････････････････････････ 77

	(2) 金融政策 ·	80
3 貿易政策		85
4 貿易・為替管理制度		89
	(1) 貿易管理制度	89
	(2) 関税制度	92
	(3) 為替管理制度	94
5 税 制		95
6 外資政策		97
	(1) 外資に対する規制	97
	(2) 投資奨励業種および優遇措置	98
	(3) 技術・工業および知的財産権供与に関わる制度	98
	(4) 外国企業の会社設立・清算	98

対日関係

1 二国間関係	100
2 貿易関係	103
3 投資関係	108

産業動向

1 産業構造の概況	113
2 農業・食料品製造業	114
3 製造業	120
(1) ハイテク産業（電子・ソフトウェア産業等）	121
(2) 化学産業（医薬品を含む）	126
(3) ダイヤモンド産業	128
4 観光業	131
5 建設業	133
6 エネルギー事情	135

市場環境

1 立地・人口	137
(1) 立 地	137
(2) 人 口	138
2 労働事情	139
3 賃金・物価・家計消費	144
4 輸送・通信事情	147
(1) 輸送事情	147

	（2）通信事情	……………………………………	149
5	教育・医療事情	……………………………………	151
	（1）教育事情	……………………………………	151
	（2）医療事情	……………………………………	152

基礎データ

1	基礎事項	……………………………………	157
2	文化・社会	……………………………………	159
3	関係機関	……………………………………	161

表索引 …………………………………… 164

政治・社会情勢

1 歴史的概況

　ユダヤ人にとって長年の悲願は、自分たちの国を造ることであった。数世紀にわたり歴史に翻弄され、第2次大戦後に悲願が実現した。1947年11月、国連総会は第1次世界大戦後にオスマン・トルコ領から英国の委託統治下になっていたパレスチナをユダヤ人とアラブ人の二国に分け、エルサレムを国連管理下に置くパレスチナ分割決議を採択した。これによって1948年5月14日、イスラエルは建国した。建国当時の人口は70万人であったが1990年には466万人に増加、1人当り名目GDPは1万2,462米ドル(以下、ドル)となった。さらに2023年には人口966万人、1人当たり名目GDPは5万3,810ドルにまで達している(日本は5万1,399ドル)。

　建国以来約30年にわたって社会民主主義を標榜する左派労働党(1968年結成)が政権の中枢を担ってきた。その後、1977年に大イスラエル主義を唱える右派「リクード」(ヘブライ語で"統一"、1973年結成)が初めて政権を取った。それ以来、労働党とリクードの2大政党を中心に国内政治は展開されてきた。1990年代以来、移民流入による民族構成の多様化などで小党が乱立、1党で過半数を取るのが難しく、多くの政党による不安定な連立政権が常態化してきた。直近の2022年11月1日議会総選挙(国会に相当するクネセトの議員選出)実施により、2019年4月、同年9月、2020年3月、2021年3月に続き、3年余りの間に5回の総選挙を経て(期間中連立政権不成立)、第37代内閣が正式に発足した。第1党となった「リクード」のベンヤミン・ネタニヤフ党首が首相に就任し第6次ネタニヤフ政権が誕生した。当初から報じられているとおり、極右政党や宗教政党から多くの閣僚が入閣しており、「イスラエル史上最も右寄りの内閣」と呼ばれた。

　右傾化の背景として、イスラエル建国から70年目の2018年7月18日、クネセトによる「基本法:イスラエル - ユダヤ人の民族国家」の成立が契機とみられる。同法は、「イスラエルがユダヤ人の歴史的領土」、「ユダヤ人の民族国家(Medinat Haleom)」、「イスラエルの民族自決権の実現はユダヤ人に固有のものである」と規定し、民族主義的性格を

政治・社会情勢

濃厚に主張しているのが基本的特徴である。成文憲法を持たないイスラエルにとって、建国宣言並びに基本法は通常国家が制定する「憲法」に相当する。但し、基本法は「自由主義に基づいて定められた国家の基礎法」として位置づけられているが、ネタニヤフ政権の2009年4月成立以来現在まで、民主主義であるよりもユダヤ民族主義であろうとする立法（注）が目立つようになってきた。

（注）「反ボイコット法：ボイコットを通じたイスラエルの損害防止法」、「NGO透明化法：外国法人支援の団体に対する情報開示を義務付け」、「入植地合法化法：ジュディア・サマリア入植地規制法（ヨルダン川西岸地区のパレスチナ人私有地で入植者による不法建設住宅を合法化）」など（出所：「イスラエルの政党政治とナショナル・アイデンティティ」龍谷大学法学部・浜中新吾教授）。

イスラエルを巡るその後の政治動向は、2023年10月発生したパレスチナ自治区のガザを実効支配するイスラム原理主義組織のハマスによるイスラエルに向けたロケット弾などによる大規模な攻撃を契機に、イスラエルとパレスチナ間で悲惨な紛争が始まったことで国際間の緊張を招来した。これに応酬したイスラエルによるガザ地区への攻撃は、イエメンの武装組織フーシ派が2023年11月14日「紅海などでイスラエルの船舶を標的にする」と宣言して以降、紅海周辺で小型無人機（ドローン）による国際民間船舶への攻撃を繰り返す事態にまで発展した。その後、イランは2024年4月14日、4月1日に起きたシリアの首都ダマスカスにあるイラン大使館領事部への爆撃への報復として、ドローンとミサイルにより、イスラエルへの攻撃を実施した。この渦中、イランで2024年7月31日、ハマスのイスマイル・ハニヤ政治局長がイランの首都テヘランで、襲撃され、死亡する事件が発生した。

一方、イスラエル国防軍（IDF）トップのヘルジ・ハレビ参謀総長は10月2日、イランが10月1日夜に約200発のミサイルをイスラエルに向けて発射したことを明らかにした。さらに、IDFは10月17日、パレスチナ自治区ガザでハマス最高指導者のヤヒヤ・シンワル氏が死亡したと発表した。

国際刑事裁判所（ICC）は2024年11月21日、イスラエルのベンヤミン・ネタニヤフ首相とヨアフ・ギャラント前国防相に対し、人道に対する罪と戦争犯罪の容疑で逮捕状を発行し、イスラエル政治が国際批判を浴びていることが発覚した。その後2025年に入り、カタール政府は1月15日、イスラエルとハマスが人質の解放と停戦で合意した旨発表し、

政治・社会情勢

イスラエルとハマスの停戦合意に基づき、2月25日までに6回の身柄交換が行われた。途中、トランプ米大統領による「米国がガザ地区を所有」発言が世界的に波紋を呼んだ。その後、イスラエルはパレスチナ人620人を釈放する予定だったが、イスラエル首相府は2月23日、「人質に屈辱を与える式典を行わないことが保証されるまで、延期することを決定した」旨の声明を発表。今後におけるイスラエルの内政・国際関係の動きは予断を許さない状況である。

■ 政治・社会情勢

2 最近の政治動向

《議会総選挙のこれまでの経緯》

　イスラエルで直近実施された議会総選挙は2022年11月1日であった。国会に相当するクネセトの議員を選出するため、直近約3年半で5回目の総選挙となった。ベンヤミン・ネタニヤフ元首相が率いる右派「リクード」が32議席を獲得して第1党となった。イスラエルの複雑な内政の動きを次の通り整理した。

イ）第21回イスラエル議会選挙が2019年4月9日に実施され、リブリン・イスラエル大統領は、ネタニヤフ氏に組閣を要請した。同氏が率いる「リクード」を中心に連立政権樹立を目指したが、4月の総選挙後の連立交渉で合意形成できずイスラエル議会が5月30日解散し、9月17日に総選挙が再び実施されることになった。

ロ）イスラエルで第22回議会総選挙が2019年9月17日に実施され、再び過半数を確保する政党がないため、1ネタニヤフ首相は「青と白」のガンツ氏に大連立を呼びかけたが、期限を迎えたため国会は解散した。

ハ）イスラエルで4月と9月に続き、1年間で3度目となる総選挙が2020年3月2日、議会の第23回総選挙が実施された。ルーベン・リブリン大統領は中道連合「青と白」の共同代表ベニー・ガンツ氏に組閣を要請した。同総選挙では、ベンヤミン・ネタニヤフ首相が率いる右派「リクード」が36議席を獲得し第1党となった。

ニ）2019年4月から3度実施された総選挙を経て、2020年5月17日に与野党連立による挙国一致内閣が成立した。連立期間は36ヵ月間で、前半の18ヵ月間は右派政党「リクード」のベンヤミン・ネタニヤフ党首、後半に中道政党「青と白」のベニー・ガンツ代表が首相に就いた（ネタニヤフ氏は通算5期目の首相だった）。

ホ）イスラエルの国会にあたるクネセト議員を選出する総選挙が2020年3月23日に実施された。2019年4月と同年9月、2020年3月に続き、直近2年間で4回目の総選挙となった。ネタニヤフ党首が率いるリクードが30議席を獲得して第1党になっていたが、再び期限までに連立交渉をまとめることができなかった。

ヘ）2021年6月13日に、イスラエルの国会に当たるクネセトを開催し、第36代内閣の発足を正式に承認した。8党からなる連立政権は、「イェシュ・アティド」のヤイール・ラ

ピッド党首が中心で交渉を進めてきた。首相には「ヤミナ」のナフタリ・ベネット党首が就任、4年任期の前半2年間を担当し入植地相を兼ねた。

ト）2022年6月20日付複数のイスラエル現地紙は、ナフタリ・ベネット首相とヤイール・ラピッド外相がクネセト（国会に相当）の解散を報じた。与党は、ベネット首相が率いる右派「ヤミナ」とラピッド外相が率いる中道左派「イェシュ・アティド」を含む、右派と左派、アラブ政党まで幅広い政策的志向を持つ8つの政党の連立政権だった。

チ）イスラエルで2022年11月1日、総選挙が実施された。国会に相当するクネセト（注）の議員を選出するもので、2019年4月、同年9月、2020年3月、2021年3月に続き、3年余りの間に5回目の総選挙となった。

（注）イスラエルのクネセトは、定数120の一院制で、全国1区の比例代表（拘束名簿式）によって選出される。

2022年11月1日の総選挙で第1党となった右派「リクード」を率いるベンヤミン・ネタニヤフ元首相が各政党との連立交渉の結果、合意に達し、アイザック・ヘルツォーク大統領に連立政権成立を報告した。イスラエルの国会にあたるクネセトが2022年12月29日に総会を開催し、第37代内閣が正式に発足した。今次の連立政権は、「リクード」のベンヤミン・ネタニヤフ党首が中心となり、首相には「リクード」のベンヤミン・ネタニヤフ党首が就任し、約1年半ぶりの首相復帰となり第6次ネタニヤフ政権が誕生した。当初から報じられているとおり、極右政党や宗教政党から多くの閣僚が入閣しており、「イスラエル史上最も右寄りの内閣」と呼ばれた。発足後間もない2023年1月3日に、イタマル・ベン・グビール国家治安相がエルサレムの旧市街地にあるユダヤ教、キリスト教、イスラム教の聖域となっている「神殿の丘」を訪問したことで、周辺のアラブ諸国の反発を招き、国連安全保障理事会で緊急会合が招集されるなど、今次政権の発足による国内外での緊張の高まりもみられた。

《イスラエルを巡るその後の政治動向》

パレスチナ自治区のガザを実効支配するイスラム原理主義組織のハマスは2023年10月7日、イスラエルに向けてロケット弾などによる大規模な攻撃を行い、イスラエルとパレスチナ間の悲惨な紛争が始まった。イスラエルの現地紙「ハアレツ」は、イスラエル側で900

政治・社会情勢

人の死亡、約2,400人の負傷を報道した（10月9日付）。ベンヤミン・ネタニヤフ首相は、10月7日安全保障閣僚会議の冒頭で、「今朝から、イスラエルは戦争状態にある」と述べた。イスラエル国防軍（IDF）は7日「鉄の剣（Sword of Iron）」作戦と称する軍事作戦を開始し、ガザのハマス拠点への空爆を続けた。パレスチナ自治政府（PA）保健省は、IDFによる空爆により、9日時点で560人死亡、2,900人負傷を報道した。イスラム原理主義組織ハマスによる10月7日のイスラエルへの大規模な攻撃を受け、米国のジョー・バイデン大統領は10月9日、フランスのエマニュエル・マクロン大統領、ドイツのオラフ・ショルツ首相、イタリアのジョルジャ・メローニ首相、英国のリシ・スナク首相とともに、イスラエルへの結束した支持を表明する共同声明を発表した。パレスチナ自治区のガザを実効支配するイスラム原理主義組織ハマスとの武力衝突に対応するため、イスラエルのベンヤミン・ネタニヤフ首相と前国防相で野党「国家統一」を率いるベニー・ガンツ党首は10月11日、国家緊急政府を樹立することで合意。さらに、米ブリンケン国務長官は10月11〜16日、イスラエルを含む中東・アフリカ諸国を歴訪した。12日にはイスラエルのテルアビブで、同国のアイザック・ヘルツォーク大統領、ベンヤミン・ネタニヤフ首相とそれぞれ会談し「米国は常にイスラエルの側にいる」と述べ、同国への支持を表明した。

　国連は10月27日、イスラエルとハマスの軍事衝突に係る国連総会の緊急特別会合で、同会合の開催を要請したヨルダンによる提案の下、バングラデシュを含む40カ国の連名による決議案となった「民間人の保護と法的、人道的義務の順守（Protection of civilians and upholding legal and humanitarian obligations）」を採択した。同決議に法的拘束力はないものの、ハマスによるイスラエルへの攻撃以降、安全保障理事会で理事国の決議案否決が続く中で、同衝突に対する国連として初めての正式声明となった。

　カタール外務省は2023年11月27日、イスラエルとハマスがパレスチナ自治区ガザ地区での人道的な戦闘休止について、2日間延長の合意を発表した。その後、イスラエル首相府は12月1日、「ハマスが戦闘休止合意に違反し、人質の女性全員を解放する義務を果たさずに、イスラエル国民に向けてロケット弾を発射した」とハマスを非難した上で、イスラエル政府は戦闘を再開した。国連総会は12月12日、イスラエルとハマスの軍事衝突と、パレスチナ自治区ガザ地区の危機に関する緊急特別会合を開催し、ガザ地区での即時の人道的停戦や、民間人の保護に関する国際法上の義務の順守、全ての人質の即時かつ無条件の解放などを求めた。採決の結果、186カ国中153カ国が賛成し、採択に必要な3

分の2以上の賛成票を得て採択された（反対は米国、イスラエル、オーストリア、チェコ、グアテマラ、リベリア、ミクロネシア、ナウル、パラグアイ他10カ国）。

イエメンの武装組織フーシ派が2023年11月14日「紅海などでイスラエルの船舶を標的にする」と宣言して以降、紅海周辺で小型無人機（ドローン）による船舶への攻撃を繰り返していることを受け、海運大手ドイツのハパックロイド、スイスのMSC、デンマークのマースク、フランスのCMA CGM、台湾のエバーグリーン、英国石油大手BPなどが紅海を通る経路を回避し、南アフリカ共和国の喜望峰回りなどへのルート変更を発表した。各海運企業が航路の変更や輸送費の調整に追われ、紅海上に停泊するコンテナ船も増えた。

2024年に入りイスラエル首相府は2月9日に声明を発表し、「ハマスの4大隊を（ガザ地区の）ラファに残したままでは、ハマスを殲滅するという目標を達成することは不可能」だが、「民間人を戦闘地域から避難させる必要があることは明らかだ」とし、「ネタニヤフ首相は、イスラエル国防軍と治安当局に対し、民間人の避難とラファの大隊の壊滅を組み合わせた計画を内閣に提出するように命じた」ことを明らかにした。国際社会は、100万人以上が避難しているラファでの地上作戦に懸念を示した。米国のジョー・バイデン大統領は2月12日、ホワイトハウスでヨルダンのアブドゥッラー2世国王と会談し、イスラエルとハマスの軍事衝突について協議した。会談後の記者会見で、バイデン大統領は「ラファにおける大規模な軍事作戦は、100万人以上の避難民の安全と支援を確保するための信頼できる計画なしに進められるべきではない」と釘を刺した。イスラエル国会（クネセト）は3月13日、2024年修正予算法案および関連法案を第二読会と第三読会で審議し、法案は可決された。2024年修正予算案の可決を受け、ベザレル・スモトリッチ財務相は「クネセトで承認された修正戦争予算は、戦争に勝利し、軍を支援し、国内戦線を強化し、イスラエル経済を成長させ続けるという明確な目標を掲げている。」旨SNSに投稿した。

イランは4月14日、4月1日に起きたシリアの首都ダマスカスにあるイラン大使館領事部への爆撃への報復として、ドローンとミサイルにより、イスラエルへの攻撃を実施した。ホセイン・アミール・アブドゥラヒヤーン外相は今回の作戦に関する記者会見で、「正当防衛であり、民間人を標的とせず、限定的なものだったと強調し、あくまでもイスラエルの政権を処罰することが目的だった」旨説明した。米バイデン政権は4月18日、イスラエルに対するイランのミサイル・無人航空機（UAV）攻撃を受けて、イランに対する新たな制裁を発表した。制裁は省庁横断的に講じ、財務省は主にイランの事業体・個人を金融制裁対

政治・社会情勢

象の「特別指定国民（SDN）」に指定したほか、商務省はイラン向けの輸出管理の強化を発表した。

イスラエルのベンヤミン・ネタニヤフ首相は5月13日、エルサレムで開催の独立記念日式典で、「戦争はまだ続いている。それは、あの恐ろしい大虐殺の暗黒の日に強要されたものだ」とハマスを非難した。イスラエルとハマスとの間で戦闘休止や人質の解放に向けた交渉を巡り、ハマスは5月6日に休戦案を受け入れると発表したことで、イスラエルは翌7日に交渉団をエジプトの首都カイロに派遣したが、一部報道では交渉団が5月9日にカイロを離れ、交渉に進展は無かったもよう。

国際刑事裁判所（ICC）のカリム・カーン主任検察官は5月20日、イスラエルとハマスの衝突を巡り、イスラエルのベンヤミン・ネタニヤフ首相とヨアフ・ギャラント国防相、ガザ地区のハマス指導者のヤヒヤ・シンワル氏、ハマス軍事部門のムハンマド・ディアブ氏、ハマス最高指導者のイスマイル・ハニヤ氏の計5人に対して逮捕状を請求すると発表した。これに対して、イスラエル首相府は5月20日にネタニヤフ首相の声明を発表し、「イスラエルは、ホロコースト以来のユダヤ人に対する最悪の攻撃を行った大量虐殺テロ組織であるハマスに対して、正当な戦争を行っている」とし、「ICCのカーン氏が、イスラエルの指導者たちに対する逮捕状を求める決定を下したことは、歴史的な道徳的暴挙だ」と非難した。

イランのイスラム共和国通信（IRNA）は7月31日、ハマスのイスマイル・ハニヤ政治局長がイランの首都テヘランで、襲撃され、死亡したと報じた。イラン・イスラム革命防衛隊の発表によると、同氏は前日の30日に開催されたマースード・ペゼシュキヤーン大統領の就任宣誓式に出席していた。

パレスチナ自治政府（PA）のマフムード・アッバース議長は9月26日、国連総会で一般討論演説を行った。アッバース議長は、「世界はイスラエルに、大量虐殺の戦争と、罪のない一般市民に対する戦争犯罪を止めさせることに成功していない」と指摘するとともに、ガザの即時停戦決議案に対して3回の拒否権を行使し、パレスチナの国連加盟勧告決議案にも拒否権を行使した米国を名指しした。一方、イスラエルのベンヤミン・ネタニヤフ首相は9月27日、国連総会で一般討論演説を行い、同首相はパレスチナ自治区ガザの「戦後」について「ハマスがいかなる役割を果たすことも拒否する」とし、「ハマスが降伏し、武器を捨て、人質全員を解放すれば、ハマスとの戦闘は終わりにできる」と演説した。

イスラエル国防軍（IDF）トップのヘルジ・ハレビ参謀総長は10月2日、イランが10

月1日夜に約200発のミサイルをイスラエルに向けて発射したことを明らかにした。イスラエルのほぼ全域で防空警報が鳴ったが、ハレビ参謀総長は「われわれは反撃を行う。われわれは重要な標的を特定し、正確かつ強力に攻撃する方法を知っている」と述べた。

10月17日、パレスチナ自治区ガザでハマス最高指導者のヤヒヤ・シンワル氏が死亡したと発表した。イスラエル首相府は18日にSNSで、ベンヤミン・ネタニヤフ首相のビデオメッセージを投稿し、「イスラエル建国以来、ユダヤ人国家に対する最悪の攻撃を首謀したハマス指導者のシンワル氏はガザのラファで死亡した。これでガザとの戦闘が終わったわけではないが、終わりの始まりだ」と述べ、「この戦闘は明日にでも終わる。ハマスが武器を捨て、人質を返せば、この戦闘を終わらせることができる」と訴えた。

イスラエル国防軍（IDF）は10月26日、イラン国内の軍事施設に対して空爆を行った。IDFのダニエル・ハガリ報道官は26日声明を発表し、「イランの複数地域の軍事目標に対する標的を絞った正確な攻撃を完了し、軍の航空機が全て無事に基地に帰還した」ことを明らかにした。また、今回の攻撃は、ここ数カ月のイランによるイスラエルへの攻撃に対抗するためで、「目的は達成された」と述べた。

国際刑事裁判所（ICC）は11月21日、イスラエルのベンヤミン・ネタニヤフ首相とヨアフ・ギャラント前国防相に対し、人道に対する罪と戦争犯罪の容疑で逮捕状を発行した。ICCは、パレスチナ自治区ガザ地区で、ネタニヤフ首相とギャラント前国防相が戦争手段として飢餓という戦争犯罪に刑事責任を負うと信じるに足る合理的な根拠があると判断した。さらに、食料や水、電気、燃料、特定の医療物資の不足がガザで民間人の一部の破壊をもたらす生活条件を作り出し、その結果、子どもを含む民間人の死亡をもたらしたと信じるに足る合理的な根拠があると判断した。

イスラエルとレバノンが60日間の停戦に合意した。イスラエルのベンヤミン・ネタニヤフ首相は11月26日、イスラエルは今日まで「7つの戦線において大きく前進することができた」とし、「イランの防空システムとミサイル製造能力の主要部分を破壊し、核プログラムの重要な部分を破壊した」と述べた。ヒズボラについては、「枢軸の要であるナスララ師を排除し、ロケットやミサイルの大半を破壊し、何千人ものテロリストを死に至らしめ、イスラエルとの国境に隣接する地下テロ・インフラを崩壊させた」と成果を強調した。

イスラエルのベンヤミン・ネタニヤフ首相は12月10日、収賄、詐欺、背任の3件の容疑でテルアビブ地方裁判所に出廷し、証言を行った。「エルサレム・ポスト」紙（12月10

政治・社会情勢

日）など現地報道によると、現役の首相が刑事裁判で証言を行うのは今回が初めてという。イスラエル検察当局は2019年11月に、汚職容疑によりネタニヤフ氏を起訴したと発表し、2020年5月にエルサレム地方裁判所で初公判が開かれた。

2025年に入ると、カタールのムハンマド・ビン・アブドルラフマン・アール・サーニ首相兼外相は1月15日、イスラエルとハマスが人質の解放と停戦で合意した旨発表した。この合意は2025年1月19日に発効する予定。合意には3つの段階があり、第1段階は42日間で、停戦、イスラエル国防軍のガザ地区の人口密集地からの撤退、ハマスによる人質の解放とイスラエルによる刑務所に収容しているパレスチナ人の解放、ガザ地区の住民の居住地への帰還、患者や負傷者の治療を受けるための出国の促進が含まれるとしている。予定通り、イスラエルとハマスの停戦が1月19日午前11時15分（日本時間同日午後6時15分）に発効した。イスラエルとハマスの停戦合意に基づき、1月25日に2回目の身柄交換が行われ、ハマスはイスラエル国防軍の女性兵士4人を解放した。4人は赤十字国際委員会（ICRC）に引き渡され、午前11時50分にパレスチナ自治区ガザ地区の境界を越えて、イスラエル領内に入った。

イエメンの武装組織フーシ派は1月22日、日本郵船が運航していた「ギャラクシー・リーダー」の乗組員を解放した。2023年10月のイスラエルとハマスの武力衝突開始を受けて、フーシ派は2023年11月以降、紅海を航行する船舶へ攻撃を行い、2023年11月19日にギャラクシー・リーダー号を拿捕し、25人の乗組員を拘束していた。フーシ派の最高政治評議会は乗組員の解放について、「ハマス運動とオマーンによる仲介と連携して行われた」とし、イスラエルとハマスの停戦合意支持だった（「アルジャジーラ」1月22日）

政治・社会情勢

2022年総選挙結果（2022年11月1日実施、速報値）

〔単位：議席〕

			現連立与党	獲得議席数	改選前議席数
1	リクード	右派		32	30
2	イェシュ・アティド	中道・世俗派	○	24	17
3	宗教シオニズム	右派		14	6
4	ナショナル・ユニティ(青と白とニュー・ホープが合流)	中道	○	8	33
5	シャス(Shas)	右派・超正統派		11	9
6	ユダヤ・トーラー連合	右派・超正統派		7	7
7	イスラエル・ベイティヌ	中道右派・世俗派	○	6	7
8	ハダシュ・タアル(アラブ統一リストが分裂)	アラブ政党		5	5
9	労働党	左派・世俗派	○	4	7
10	ラアム	アラブ政党	○	5	4
11	メレツ	左派	○	0	6
12	ユダヤ人の家(ヤミナが改組)	右派	○	0	7
13	ハラド(アラブ統一リストが分裂)	右派		0	1

注：現連立与党については、政権発足時には存在していたが、その後他政党と合流するなどして消滅した政党は示さず、現在存在している政党のみを示している。
〔出所〕中央選挙管理委員会ウェブサイト、各種報道からジェトロ作成

政治・社会情勢

《クネセット（国会）議席数》（2022年11月国会選挙結果）

政党・政党連合	党首		議席（前回比）
リクード	ベンヤミン・ネタニヤフ元首相	右派	32（+2）
イェシュ・アティド	ヤイル・ラピード首相	中道	24（+7）
宗教シオニズム		宗教右派、極右	14（+8）
宗教シオニズム党	ベザレル・スモトリッチ		
ユダヤの力党	イタマル・ベン・グヴィル		
国民連合		中道右派	12（−2）
青と白	ベンヤミン・ガンツ国防相		
新しい希望党	ギデオン・サアル法相		
アイゼンコット元参謀総長			
シャス党		ユダヤ教超正統派	11（+2）
統一トーラー・ユダヤ連合		ユダヤ教超正統派	7（±0）
アグダト・イスラエル党			
テゲル・ハトーラー党			
イスラエル・ベイテイヌ党	アヴィグドル・リーベルマン財務相	右派	6（−1）
ラアム党		アラブ系、左派	5（+1）
ハダシュータアル		アラブ系、左派	5（±0）
ハダシュ党			
タアル党			
労働党		左派	4（−3）

〔出所〕中東調査会「中東かわら版」（中央選挙委員会、各種報道から作成）

第37次内閣閣僚名簿(2025年2月現在)

役職	氏名	政党
首相:	ビンヤミン・ネタニヤフ	リクード
首相代理兼法務相	ヤリブ・レビン	リクード
デイアスポラ問題相兼社会平等相	アミチャイ・チクリ	非Knesset
国家特命相:	オリット・ストルーク	宗教シオニズム
社会平等・女性の地位向上大臣	メイ・ゴラン	リクード
首相府付大臣(国会・行政担当)兼 法務相付大臣	デビッド・アンサレム	非Knesset
建設・住宅相兼内閣府付大臣	イツハク・ゴルドノフ	非Knesset
農業・食糧安全保障大臣	アビ・ディヒター	リクード
移民統合相:	オフィル・ソフェル	宗教シオニズム
通信相:	シュロモ・カリイ	リクード
文化・スポーツ相	ミキ・ゾハル	非Knesset
財務相・国防相付大臣	ベザレル・スモトリッチ	非Knesset
国防相	イスラエル・カッツ	リクード
経済産業相	ニル・バルカット	リクード
教育省付大臣	ハイム・ビトン	非Knesset
教育相	ヨアブ・キッシュ	リクード
エネルギー・インフラ相	エリ・コーヘン	非Knesset
環境保護相	イディット・シルマン	非Knesset
財務相付大臣	ジーブ・エルキン	新たな希望 ― 統一右翼
外務相	ギデオン・サール	新たな希望 ― 統一右翼
保健相	ウリエル・メナヘム・ブソ	シャス
国家治安相兼観光相兼 地方・ネゲブ・ガリラヤ開発相	ハイム・カッツ	非Knesset
科学技術相	ギラ・ガムニエル	リクード
内務相	モシェ・アーベル	シャス
エルサレム問題・遺産相	メイル・ボルシュ	非Knesset
労働相	ヨアフ・ベン・ツール	非Knesset
宗教問題相	ミハエル・マルキエリ	シャス
戦略問題相	ロン・デンメル	非Knesset
運輸相	ミリ・レゲフ	非Knesset
社会福祉相	ヤコブ・マルギ	非Knesset

2022年12月29日組閣
〔出所〕Knesset(イスラエル議会) websiteから作成

■ 政治・社会情勢

3　政治体制

《政　体》
　共和制。三権分立の下での議会制民主主義。

《大統領》
　大統領は国家元首。大統領の職務は儀礼的なものが多く、実務は首相が担当する。議会の開会式の開会宣言、議会が採択した法律や条約への署名、外国大使の信任状受理、大使、裁判官、中央銀行総裁の任命、法務大臣の勧告に基づく受刑者の特赦と減刑などが主な職務。任期は7年で1期のみ認められる。クネセット（国会）の秘密投票によって選出される。

《立　法》
　国会はヘブライ語で「クネセット（集会の意）」と称せられる。1院制で120名の議員により構成され、任期は4年。国会議員選挙制度は全国選挙区で政党リストに基づく完全比例代表制。選挙権は18歳以上、被選挙権は21歳以上である。

《行　政》
　行政府の長は首相で、議会に対して責任を負う責任内閣制。首相を含む閣僚数は基本法で「8人以上18人以内」と定められていたが、バラク政権で数的制限が廃止された。
　1992年3月より首相公選制が採用され、国会議員選挙と首相選挙が同時に行われてきた。首相公選制は1996年5月および1999年5月、2001年2月（首相選のみの特別選挙）の3回実施された。しかし、首相の支持と政党の支持が一致せず、本来の狙いとは逆に小政党が議席を増やす結果となって首相の政権基盤の不安定さが増したことから、2003年1月28日実施の選挙から廃止され、最大政党の党首が首相に就任する。

《司　法》
　裁判所の独立は法律により保証されている。裁判官は、最高裁判事、弁護士協会メン

バー、政官界者（閣僚、国会議員など）で構成される指名委員会の推薦により大統領が任命する。裁判所は、地方裁判所、治安判事裁判所、最高裁判所、その他交通事故などを扱う特別裁判所、個人の地位に関わる問題（結婚、離婚、養子など）を扱うそれぞれの宗派により異なる宗教裁判所がある。また、テロ対策のために裁判も起訴状も説明がなく、国家にとって危険だと見なされた人物を逮捕・拘束できる行政拘束（予防拘禁）という制度がある。治安立法も数多く制定されている。

《法体系》

独立達成後の1948年、基本法および行政法を制定した。その中には、先の委任統治時代に適用されていた法律がイスラエル国家独立宣言を構成する原則およびイスラエル国によって新たに制定された法律に抵触しない限り、既存法は有効となるとの規定があり、この結果、オスマン・トルコ時代（1917年まで）と英国委任統治時代（1918～1948年）の法律の多くが引き継がれることになった。特に商業や犯罪行為に関するものは、英国の一般法の大部分が占めている。

イスラエル建国から70年目の2018年7月18日、クネセト（イスラエル国会に相当）は、「基本法：イスラエル-ユダヤ人の民族国家」を成立させた。同法は基本理念として、「イスラエルがユダヤ人の歴史的領土」、「ユダヤ人の民族国家（Medinat Haleom）」、「イスラエルの民族自決権の実現はユダヤ人に固有のものである」と規定しており、民族主義的性格を濃厚に主張しているのが同基本法の特徴である。成文憲法を持たないイスラエルにとって、建国宣言並びに基本法は通常国家が制定する「憲法」に相当する。

《地方自治》

地区、郡単位での地方政府は無く、政府は中央政府と地方政府の二層制である。地方自治体は、教育、文化、保健、社会福祉、道路整備、公園、下水道、衛生、消防など市民生活に欠かせないサービスを行う。各自治体は市町村長と議長によって運営されるが、地方議会の議員数は人口を基準に内務省によって決められている。現在イスラエルには77の市（うち16市は人口10万以上）がある。

政治・社会情勢

歴代首相

代	氏名	就任	離任	政党
1	ダヴィド・ベングリオン(第1期)	1948年	1954年	Mapai
2	モーシュ・シャレト	1954年	1955年	Mapai
3	ダヴィド・ベングリオン(第2期)	1955年	1963年	Mapai
4	レヴィ・エシュコル	1963年	1969年	Mapai
5	ゴルダ・メイア	1969年	1974年	労働党
6	イツハク・ラビン(第1期)	1974年	1977年	労働党
7	メナヘム・ベギン	1977年	1983年	リクード
8	イツハク・シャミル(第1期)	1983年	1984年	リクード
9	シモン・ペレス(第1期)	1984年	1986年	労働党
10	イツハク・シャミル(第2期)	1986年	1992年	リクード
11	イツハク・ラビン(第2期)	1992年	1995年(在任中暗殺)	労働党
12	シモン・ペレス(第2期)	1995年	1996年	労働党
13	ベンヤミン・ネタニヤフ(第1期)	1996年	1999年	リクード
14	エフド・バラク	1999年	2001年	労働党
15	アリエル・シャロン	2001年	2005年	リクード
	アリエル・シャロン	2005年	2006年(病気退陣)	カディマ
16	エフード・オルメルト	2006年	2009年	カディマ
17	ベンヤミン・ネタニヤフ(第2期)	2009年	2021年	リクード
18	ナフタリ・ベネット	2021年	2022年	ヤミナ
19	ヤイル・ラピド	2022年	2022年	イェシュ・アティド
20	ベンヤミン・ネタニヤフ(第3期)	2022年	現在	リクード

〔出所〕ジェトロ他より作成

《主要政党》

　イスラエルの政治制度は比例代表制を基礎とし、120議席のクネセット（立法府）に数多くの議員政党が存在する複数政党制である。総選挙では1989年以降、得票率3.25％を超えなければ議席を確保できないとする規制がある。この規制と全国政党名簿比例制と合わせ、1つの政党が過半数に必要な61議席を獲得することをほぼ不可能にしている。これまで選挙で過半数の議席を獲得した政党はなく、結果としてイスラエルで首相を出したのは3つの政党（またはその前身）しかないにもかかわらず、全ての政権が2つ以上の政党による連立で構成されている。2022年総選挙では10の政党・同盟がこの規制をクリアし、

政治・社会情勢

5つが10議席以上を獲得した（以下の「ヤミナ」党および「メレツ」党は2022年イスラエル国会（クネセト）選挙で議席を失った）。

◎リクード（Likud、中道右派）：1973年結党で、左派の労働党と並ぶイスラエルの2大政党の一つである。政治的思想・立場は保守、新自由主義、世俗主義。2006年の総選挙において大敗を喫して一時は壊滅的な状態に陥っていたが、オルメルト政権の度重なる汚職事件とレバノン戦争の失態で息を吹き返し、2009年2月の総選挙では27議席を獲得し、第1党のカディマとわずか1議席差で第2党になった。その勢いに乗ってネタニヤフ党首は政策的に近い「イスラエル我が家」や「国家統一党」などと政策協定を結び、2009年に右派連立によるネタニヤフ内閣が発足した。2015年の第34回クネセト選挙では解散前の18議席から30議席を獲得する大勝利となった。2022年に発足した第6次ネタニヤフ政権ではリクードが首班政党としての地位を維持しながら、シャス、宗教シオニズム、ユダヤ・トーラー連合、ユダヤの力と連立を形成しているが、議席数は2021年選挙を2議席上回る32議席である。

◎「青と白」連合（左派）：2019年2月21日結成。ガンツ党首の回復党とラピッド党首のイェシュ・アティッドの連合。2019年4月の総選挙に合わせて急遽結成されたため、他党との連携に不安定さが見られ、「リクード」に有利な状況が生まれたと考えられる。「青と白」は、エルサレムの首都問題などをめぐって左派政党、特にアラブ系イスラエル人の議員が所属する政党から支持を得られなかった。さらに、「青と白」はパレスチナ関係でも効果的なキャンペーンを展開できていない。ガザ地区からテルアビブに飛来したロケットをめぐる事件やパレスチナ人によるラビ刺殺事件について、「青と白」はパレスチナ人の暴力にどう対応するか明確な姿勢を打ち出せていない。2022年選挙では「ニュー・ホープ」と合流。「ナショナル・ユニティ」（中道）として選挙戦に臨んだが、改選前の14議席から2議席減の12議席と議席を減らした。

◎イェシュ・アティド（Yesh Atid、中道）2012年1月結成、イスラエル国内で著名なジャーナリストであったヤイール・ラピッドが政治家に転身し、旗揚げされた党。世俗志向、中道志向が強い。第35回クネセト選挙では11議席と約半減してしまう。これは連立政権で経済産業大臣を務めたラピッドが経済再生の公約を果たせずに罷免されてしまったことが要因とされている。新内閣にはシャス、ユダヤ・トーラー連合などの宗教政党が参画したため、世俗政党である同党は入閣を拒んだとされている。2021年選挙で

政治・社会情勢

は連立を組んでいた「青と白」から分離し、17議席を獲得。30議席のリクードに続いて第2党となった。2022年選挙ではさらに7議席増の24議席に躍進。リクードとの差は8議席に迫った。イェシュ・アティドの有権者は、一般人に比べて収入と教育水準が高い傾向があり、経済と安全保障の問題について穏健な見解を持つ。

◎ヤミナ（Yamina、右派）2019年7月29日結成、2019年10月10日解散、2020年1月15日再結成。党首はナフタリ・ベネット。イデオロギー的には宗教シオニズム、国家保守主義、経済的自由主義。極右政党だが世俗派もいる。2021年選挙では1議席増の7議席。2022年選挙では「ユダヤ人の家」に改組。改選前の7議席から全議席を失う惨敗となった。

◎シャス（Shas、右派）正式名称は「トーラーを遵奉するスファラディー同盟」（Shisha Sedarim）で1984年創設。超正統派を代表する宗教政党で、イデオロギー的には中道右派。聖地エルサレムの分割や西岸からのユダヤ人入植地凍結・解体には断固反対の立場。2009年総選挙では11議席を獲得し、ネタニヤフ政権と政策合意を交わした。2015年総選挙では解散前議席11から7議席に減らしたがネタニヤフ政権への入閣を受け入れた（2022年総選挙では前回より2議席増の11議席）。2024年のクネセトで3番目に大きな政党である。

◎労働党（Zionist Union、中道左派）：結党は1968年で、20世紀初頭からパレスチナへのユダヤ人入植を先導してきた政治勢力である労働シオニズム（社会主義シオニズム）の流れを汲み、建国後も長きにわたり与党として社会を主導してきたイスラエル建国エスタブリッシュメント政党。パレスチナとの融和・共存を掲げ、新政党カディマ結成前は右派のリクードと並ぶイスラエルの2大政党の1つ。1992年のイツハク・ラビン首相が陣頭指揮を執った総選挙では驚異の44議席を獲得したが、同首相が1995年に暗殺されて以来、衰退の一途を辿り、2006年選挙では19議席にとどまった。2009総選挙では議席は1桁にまで減少するとみられていたが、2008年12月のガザ侵攻で支持を伸ばし13議席を獲得、選挙後には首相に指名されたネタニヤフ氏と政策合意を交わして同政権への参画を決定した。しかしながらリクードとの連立政権は直後に破綻して離脱、党内は分裂し、2011年1月にはネタニヤフ政権との協調を優先する一部が集団離党し、新党「独立」の結党に踏み切った。2013年総選挙では「独立」の分裂で1桁にまで減らしていた議席を中道派の「ハトゥヌア」と連携して15まで回復、2015年

総選挙ではさらに24議席を獲得、選挙後はネタニヤフ政権に加わらず最大野党となった（2022年選挙では改選前の7議席から3議席減の4議席と低迷）。

◎我が家イスラエル（Israel Beytenu、右派）：1999年にロシア・東欧移民系の政党の1つとして創設された。党首は旧ソ連（現モルドバ）からの移民・帰還者であるアビィグドール・リーベルマン氏。当初は国家統一党と統一会派を組んでいたが2005年に会派を離脱し政策を転換、ヨルダン川西岸やゴラン高原のユダヤ人入植地をイスラエル側に併合する代わりに、イスラエル国内に住むアラブ人住民が多い土地をパレスチナ側に譲渡する「住民・土地交換政策」を新たに掲げている。この政策転換が現実的と受け止められ、2006年の総選挙では11議席を獲得し3議席から躍進した。2015年総選挙では解散前の13議席から6議席に半減、シオニズム政党の中でも極右とみなされており、パレスチナだけでなくアラブ系イスラエル人にまでも厳しい姿勢を採る。イスラエル国家に忠誠を示さないアラブ人住民には市民権と参政権を剥奪するよう主張するなど、アラブ系政党や左派・中道派からはファシズム政党とみなされており、これが議席減少に繋がった（2022総選挙では前回より1議席減の6議席）。

◎メレツ（Meretz、左派）：1992年に、ラッツ（RATZ、市民権と平和のための運動）、マパム（Mapam、イスラエル統一労働党）、シヌイ（Shinui、変化）の3党が合併して形成されたもので、Meretzは「活力」を意味する。メレツの政治姿勢は革新勢力に位置し、ヨルダン川西岸地区およびガザ地区でのパレスチナ国家の形成を支援し、イスラエル人入植地および全占領地域からのイスラエル軍の完全撤退を要求している。2015年総選挙では4議席と解散前の6議席から2議席減らした。前党首はザハバ・ガル＝オン〔旧ソ連（現リトアニア）生まれの女性政治家〕で、2009年のパレスチナのガザ地区攻撃では中道左派の労働党も攻撃を容認していた中で一貫して攻撃を批判、2014年のガザ紛争の際もイスラエル政府を厳しく批判した（2022年総選挙では改選前6議席を全て失い下野した）。

《国　防》（INSS Military Balance 2024）
　①兵役：男性32ヵ月、女性24ヵ月（更に予備役あり）
　②兵力：正規軍　16.95万人（陸軍12.6万人、海軍9,500人、空軍3.4万人）
　　　　　予備役　46.5万人　（陸軍40万人、海軍1万人、空軍5.5万人）

政治・社会情勢

4　外交関係

（1）概　況

　中東地域は、アジアと欧州をつなぐ地政学上の要衝であり、世界における主要なエネルギーの供給源で、国際通商上の主要な航路があり、また、日本にとっても原油輸入量の約9割を同地域に依存するなど、中東地域の平和と安定は、国際社会の平和と繁栄にとって極めて重要である。近年では、特にイスラエルとパレスチナ武装勢力間の衝突やホーシー派による船舶への攻撃などが発生・継続している。2024年4月には、在シリア・イラン大使館の領事部が攻撃されたことに対し、イランが同攻撃はイスラエルによる犯行であると断定した上で、報復としてイスラエルに向けて多数のミサイルや無人機を発射するなど、高い緊張状態が継続している。このため、イスラエルの外交は周辺国を含め安全保障面との不可欠な要素が複雑に絡んでいる。

　中東和平プロセスが停滞するなか、パレスチナにおいては、ヨルダン川西岸地区を統治する穏健派のファタハと、ガザ地区を実効支配するイスラム原理主義組織ハマスが対立し、分裂状態となっている。こうした中、2017年トランプ（第一次）米政権が、米国はエルサレムをイスラエルの首都と認めると発表し、2018年には、駐イスラエル大使館をテルアビブからエルサレムに移転したことを受けて、ガザ地区を中心に緊張が高まった。2020年には、トランプ政権が新たな中東和平案を発表したものの、パレスチナ側はその案に示されたエルサレムの帰属やイスラエルとパレスチナの境界線などに反対し、交渉を拒否した。一方で、トランプ政権は、イスラエルとアラブ諸国間の和平合意の実現に向けて積極的な働きかけを行い、同年8月以降、アラブ首長国連邦、バーレーン、スーダン、モロッコがイスラエルと相次いで国交正常化に合意するに至った。アラブ諸国とイスラエルの国交樹立は、エジプト（1979年）とヨルダン（1994年）以来であった。2022年3月、イスラエル、バーレーン、エジプト、モロッコ、UAE、米国の各国外相がイスラエルで会談し、同年11月には、これらの国々の間で毎年外相会合を開催することや、地域安全保障を含む各種作業部会を設置することを含む文書が採択された。このように、イスラエルと国交正常化したアラブ諸国との間では、安全保障面での協力が拡大していく情勢であった。

　イスラエルとパレスチナ武装勢力の間では、これまでたびたび衝突が発生しており、両者

の緊張状態は継続していた。そうしたなか、2023年10月7日、ガザ地区のハマスなどのパレスチナ武装勢力がイスラエルに対し、数千発のロケット弾を発射した。また、多数の戦闘員がイスラエル領に侵入し、イスラエル軍兵士や外国人を含む民間人を殺害・拉致した。これを受け、イスラエル軍は同日、ガザ地区への空爆を開始した。イスラエルのネタニヤフ首相は、ハマスを壊滅させ、人質の奪還を達成させると主張した。イスラエルとパレスチナ武装勢力の衝突が2023年10月に始まって以降、イスラエル北部では、レバノンの親イラン武装勢力であるヒズボラなどによる攻撃が頻発したため、イスラエル軍はヒズボラの軍事拠点に対する空爆などで応戦している。また、イエメンの反政府勢力であるホーシー派も、散発的にミサイルや無人機などをイスラエルに向けて発射した。米国は、中東地域における抑止力強化のために、空母打撃群や航空機の派遣など、米軍アセットを増強しており、ホーシー派が発射した無人機やミサイルの迎撃などを実施している。

(出所：防衛白書　令和6年版)

2025年に入ると、イスラエルとハマスの停戦が同年1月19日午前11時15分（日本時間同日午後6時15分）に発効した。ガザ地区の住民の居住地への帰還、患者や負傷者が治療を受けるための出国の促進が含まれるとしている。第1段階で、ハマスは女性、子供、高齢男性、傷病者の計33人を解放するとした。一方、イスラエルは、ハマスによる民間人1人の解放につき30人のパレスチナ人、女性兵士1人の解放につき50人のパレスチナ人を解放する旨発表した。停戦の第2段階以降の行方は不透明だ。一方、イスラエルとレバノンの停戦は2025年1月26日で60日間の停戦期限を迎えたが、米ホワイトハウスは1月26日、両国間の停戦合意は「2月18日まで継続する」と発表した。なお、イスラエル国防軍(IDF)は停戦期限の60日以内にレバノン南部から撤退することになっていたが、イスラエル外務省によると、イスラエル首相府は1月24日、レバノン軍のレバノン南部展開が完全に履行されていないため、「段階的な撤退プロセスが継続される」との声明を発表した（出所：ジェトロ・ビジネス短信　2025年1月20日、同27日付）。

(2) 米国との関係
《イスラエル建国以来の緊密関係》

1948年5月14日、ハリー・トルーマン米国大統領がイスラエルの独立宣言に続いて承認声明を発表し、米国はイスラエルを独立国家として承認した最初の国だった。両国の外

■ 政治・社会情勢

交関係は、1949年3月28日にジェームズ・グロバー・マクドナルド米国大使が信任状を提出し構築された。それ以来、イスラエルは、中東における米国の最も信頼できるパートナーとなり、今もそうである。イスラエルと米国は、歴史的、文化的な結びつき、また相互の利益によって密接に結びついている。米国とイスラエルの二国間関係は強固で、年間30億ドル以上の外国軍事融資によって支えられている。

　米国はイスラエルにとって最大の単一貿易相手国である。米国のイスラエルへの輸出品の上位5つは、ダイヤモンド、機械、農産物、航空機、光学機器および医療機器である。米国がイスラエルから輸入する上位5品目は、ダイヤモンド、医薬品、機械、光学・医療機器、農産物である。米国のイスラエルへの直接投資は、イスラエルの対米投資同様、主に製造業部門に向けられている。米国とイスラエルは1985年以来、自由貿易協定を締結しており、障壁を減らし、規制の透明性を促進することにより、両国間の貿易と投資を拡大するための基盤として機能している。（出所：駐イスラエル・米国大使館HP）

《軍事中心の援助関係を見直すため、米国との協力は再評価すべきとの指摘あり》
　米国は、イスラエル国家の建国以来、同政府を承認した最初の国であり、何十年にもわたってユダヤ国家の強力で安定した支持者であった。イスラエルは、第二次世界大戦後の時代に、米国の対外援助で数千億ドルを供与されており、その支援のレベルは、イスラエルの安全保障に対する米国のコミットメントや、世界の不安定で戦略的に重要な地域における両国の共通の外交政策上の利益など、多くの要因を反映している。米国は、イスラエルにとって伝統的な武器販売を通じて、同国兵器システムの主要な調達先でもある。両国は、米国が日本や北大西洋条約機構（NATO）の仲間のメンバーなどの同盟国と結んでいるような相互防衛協定を締結していない。しかし、イスラエルは「主要な非NATO同盟国」の短いリストに含まれており、最先端の米軍プラットフォームと技術への特権的なアクセスを保持している。

　イスラエルに対する米国の軍事援助は、ガザ地区でのイスラエルとハマスとの1年にわたる戦争のさなか、過去数十年で劇的に急増した。国連とガザ保健省によると、この紛争では、民間人の大部分を含む4万人以上のパレスチナ人が死亡した。米国からの軍事支援は、イスラエルがレバノンのヒズボラやイランと最近交戦する中でも不可欠であることが証明されている。イスラエルは、建国以来、米国の対外援助の累積受益国としては最大であり、

経済・軍事援助総額は約3,100億ドル(インフレ調整済み)である。米国はまた、他の中東諸国、特にエジプトとイラクに対し大規模な対外援助を提供してきたが、イスラエルは際立っている。

　今日、米国の援助のほぼ全ては、中東地域で最も進んだイスラエル軍の支援に使われている。米国は、2028年までイスラエルに年間38億ドルを提供することについて、覚書(MOU)を通じて暫定的に合意した。2023年10月7日にイスラエルとハマスとの紛争が始まって以来、米国はイスラエルに対して少なくとも125億ドルの直接的な軍事援助を提供する法律を制定しており、この内訳は2024年3月の法案を根拠とした38億ドル(現在の覚書に沿った)、2024年4月の補足歳出法を根拠とした87億ドルである。ブラウン大学のリンダ・J・ビルメス氏、ウィリアム・D・ハータング氏他は、この期間にイスラエルが米国の軍事援助を179億ドル受けたと報告しているが、この数字は、イスラエル向け供与兵器の備蓄を米国国防総省が補充する援助予算も含めている。援助の大部分(年間約33億ドル)は、イスラエルが米軍の装備品やサービスの購入予算である外国軍事融資(FMF)プログラムの下での助成金として提供されている。2023年10月、バイデン政権は、イスラエル向けFMF制度の総額は約240億ドルに上ると発表した。イスラエルはまた、歴史的に、FMF援助の一部をイスラエルの防衛企業から装備を購入するために使用することが認められてきたが、これは米国の軍事援助の他の受益者には与えられていない利益であるが、この国内調達は今後数年間で段階的に廃止されることになっている。米国の援助は、イスラエル国防予算の約15%を占めると報道されている。

　さらに、イスラエルと米国とイスラエルの合同ミサイル防衛プログラムに年間5億ドルが予定されており、両国は、アイアンドーム、ダビデのスリング、アローIIなど、イスラエルが使用するこれらのシステムの研究、開発、製造に協力している。アイアンドームはイスラエルが単独で開発したが、2014年からは米国が共同開発パートナーとなっている。イスラエルへの米軍装備品の移転は、他の外国政府と同様に、関連する米国法および国際法に従う。大統領は、外国勢力に特定の制限金額を超える主要な兵器システムまたはサービスの売却前に、議会に通知しなければならない、また議員は売却のチェック期間が付与されている。イスラエル(および他の米国の緊密な同盟国)との取引の場合、15日間の議会審査のボーダーラインとなる金額は、防衛条項や役務に応じて2,500万ドルから3億ドルの範囲である。米国は、重大な人権侵害を犯す外国政府や団体に対し安全保障支援を提供すること

政治・社会情勢

はできない。さらに、バイデン政権は2023年2月、重大な人権侵害を犯す可能性があると判断された被援助国に対して武器を提供しない旨発表した。

　米国が受益者に提供する軍事援助は、合意された条件に従ってのみ使用されなければならず、米国政府は、提供する機器の最終使用を監視する義務がある。例えば、ロナルド・レーガン政権は、イスラエルがレバノン侵攻中にクラスター爆弾を民間の標的に使用したと判断した後、1980年代の数年間、イスラエルへのクラスター爆弾の移送を禁止した。イスラエルは、自衛のためだけに米国製兵器を使用することに同意した。バイデン政権の当局者は2023年10月中旬に、イスラエルは国際法を遵守するべきだと求めたものの、イスラエルが米国の兵器を使用する方法にこれ以上の制限や制約を設けていない旨説明した。イスラエル・ハマス紛争開始から4カ月が経過した2024年2月、バイデン大統領は国家安全保障メモを発表し、米国の軍事援助の受領者に対し、援助の使用において国際法を遵守すること、および米国の軍事援助が使用されている武力紛争地域での米国の人道支援の提供を促進することを書面で保証することを求めた。

　最近の世論調査では、米国の成人は、イスラエルに対する米国からの軍事援助に対する見方が分かれており、年齢層間でも大きな違いがあることを示唆している。同調査結果によれば、イスラエルへの軍事援助への支持は、高齢の回答者（65歳以上）で最も強く、若年成人（18歳から29歳）で最も弱い。バイデン政権はイスラエルの自衛権を熱烈に支持し、援助や武器販売を通じてイスラエルに不可欠な軍事支援を提供し続けている一方で、政権と一部の米国議員は、イスラエルのベンヤミン・ネタニヤフ首相の戦争遂行と彼の政府の戦後ガザ計画に批判的である。2023年12月、バイデン大統領は、イスラエルによるガザへの「無差別爆撃」は、イスラエルの国際的な支援を失うリスクがある旨警告した。一方、一部の議員は、イスラエルに対する米国の軍事援助を条件付け武器売却等の完全阻止を目論んだ。

　2024年初頭、バイデン政権はイスラエルへの爆弾輸送を一時停止し、イスラエルがガザで民間人の犠牲者を出すような方法で米国製兵器を使用していることを事実上認め、戦争法に違反するリスクがあることを認めた。ホワイトハウスはまた、ネタニヤフ首相が戦後のガザに対する計画を欠いていたと彼らが見ているものに反対する発言をしている。ブリンケン米国務長官は2024年5月、「イスラエルは、多くの武装したハマスが残る反乱、あるいはそれが去れば、混乱と無政府状態による空白を引き継ぐ可能性のある状況に陥ってい

る」と述べた。ネタニヤフ首相はまた、国防大臣ヨアブ・ギャラントから、「ガザにおける統治の代替案」のビジョンを形成することに失敗したとして批判に直面している。バイデン政権は、ICC の捜査官がハマスに対する最近の戦争中、そしておそらくそれ以前にパレスチナ領土で行われた戦争犯罪の申し立てについてネタニヤフ首相とギャラント大臣の逮捕状を申請した後、2024 年 5 月下旬にイスラエル政府を支持した。ホワイトハウスは、ICC の決定を「言語道断」で「非常に間違っている」と批判した。ICC は同時に、ハマスの指導者数人に対する逮捕状申請も発表した。一方、バイデン政権は、米国の施設や艦船を保護するため、またイスラエルの防衛を支援するために、中東におけるすでに大規模な米軍のプレゼンスを拡大した。米軍は、2024 年 4 月と 10 月にイスラエルがイランのミサイルと無人機による 2 回の攻撃に対する迎撃を支援し、紅海とアデン湾の商船をフーシ派の定期的な攻撃から保護している。紛争に先立ち、米国とイスラエルの関係は、イスラエル最高裁判所の権限を抑制する計画や、ヨルダン川西岸地区のユダヤ人入植地の承認など、ネタニヤフ政権のレトリックや政策をめぐって、いくらかの緊張を被っていたが、反対の立場の批評家は、入植地は国際法に違反し、パレスチナ人の将来の国家の見通しを損なうと指摘している。いわゆる「二国家解決」は、バイデン（当時）政権を含め、米国の外交政策の長年にわたる目標だったが、一部の米国議員は、ガザ紛争中のイスラエルに対する米国の援助をめぐる議論で、これらの批判を提起した。

　近年、米国とイスラエルの一部のアナリストは、イスラエルが今や世界で最も進んだ軍隊を持つ裕福な国（一人当たり 14 番目に裕福な国）であるため、イスラエルに対する米国の援助は再評価されるべきだと指摘する。1970 年代の冷戦時代のイスラエルとは異なり、米国の援助が大量に流入し始めたとき、現代のイスラエルは自国の安全保障を提供する能力が十二分にあり、米国の援助は二国間関係と両国のそれぞれの外交政策を不必要に歪めていると、これらのオブザーバーは分析する。CFR のスティーブン・A・クック（Steven A. Cook）シニアフェローは 2024 年 5 月、米国の軍事援助は 10 年間で段階的に廃止し、安全保障協力に関する一連の二国間協定に置き換えるべきだと指摘する。元駐イスラエル米国大使で CFR 特別研究員の故マーティン・S・インディク氏も、米国の援助の削減を求めた。「米国とイスラエルの関係は、この依存がなければ、ずっと健全だったとみている。75 歳のイスラエルが自分の足で立つ時が来た」旨 2023 年 6 月 SNS に投稿した。一部の専門家は、米国の援助が実際にはイスラエルの防衛産業基盤を弱体化させ、主に米国の

防衛請負業者の保証された収入源として機能していると主張している。

　一方、援助継続を支持する人々は、援助継続が米国とイスラエルの防衛産業と専門家との間の継続的で重要な協力を促進し、最終的には両国が中東、特にイランで共有する脅威に対抗するのに役立つと主張している。米国の援助は、米国の国家安全保障を強化する「重要かつ費用対効果の高い支出」であり、削減したり条件付けたりすべきではないと、2021年に300人以上の共和党議員が指摘している。2023年9月、CFRのエリオット・エイブラムス上級研究員は、米国の軍事援助を今日終了させることは、「イスラエルの最大の友人が身を引くというメッセージをイスラエルのすべての敵に送ることになる。したがって、彼らはユダヤ人国家に対するさらなる、より致命的な攻撃の計画を倍増させるべきだ」と分析している。（出所："U.S. Aid to Israel in Four Charts", CFR(Council on Foreign Relations) 2024年11月13日付）

(3) 欧州との関係

　イスラエルと欧州諸国との関係を欧州連合（EU）の観点からみる。EUとイスラエルは、相互依存と協力の増大を特徴とする長い共通の歴史を共有している。駐イスラエル代表部が1981年に開設されて以来、EUとイスラエルの関係は大幅に拡大し、EUが世界の第三国と最も広範かつ深い関係を築いているものの一つとなっている。両国は、民主主義、自由の尊重、法の支配という同じ価値観を共有し、市場原理に基づく開かれた国際経済システムにコミットしている。50年以上にわたる貿易、文化交流、政治協力、そして発展した協定制度が、これらの関係を強固にしてきた。

[政治関係]

　関係の法的根拠は、2000年に発効したEU・イスラエル連合協定（注1）である。これには、定期的な政治対話、サービスの設立と自由化、資本の自由な移動と競争ルール、経済的および社会的協力の強化に関する規定が含まれる。この協定は、人権と民主主義の原則の尊重が協定の重要な要素であると述べている。また、外務大臣レベルで開催される協会評議会を設立し、協会委員会が支援する。EUとイスラエルの関係は、欧州近隣政策の下での2005年行動計画によって支えられている。この行動計画は、イスラエルをヨーロッパの政策とプログラムに徐々に統合することを目指しており、優先事項を議論し、意見を交換するために定期的に会合する10の小委員会を設立した。

(注1) EURO-MEDITERRANEAN AGREEMENT, establishing an association between the European Communities and their Member States, of the one part, and the State of Israel, of the other part

[貿易・経済関係]

　貿易関係は、EU・イスラエル連合協定（2000 年）の一部である自由貿易地域協定によって管理されている。

　EU はイスラエル最大の貿易市場であり、イスラエルの総貿易の約 3 分の 1 を占めている。2020 年、イスラエルは EU の 24 番目の貿易相手国にランクされた。主要取引品目は、化学品および関連製品、機械および輸送機器、および各種工業品である。EU とイスラエルの主な経済協定は、次の通りである：

・農業と漁業に関する協定により市場アクセスが大幅に改善された (2010 年)。
・EU －イスラエル間の航空旅行を自由化した「オープンスカイ」協定 (2018 年完全発効) と、関連するユーロコントロール連合協定 (2016 年)。
・2013 年発効の ACAA(Conformity Assessment and Acceptance of Industrial Products) に関する協定 (Positive Assessment and Acceptance of Industrial Products) により医薬品認証が相互に承認された。

　双方は、相互に関連性のある貿易・経済問題に関する小委員会を毎年開催する。また EU は、イスラエルがツイニング（注 2）などの手段を通じて、EU の食品安全、基準分野などへの適合化を支援している。

(注 2) ツイニングは、EU 加盟国と受益国またはパートナー国の行政機関間の制度的協力のための欧州連合の手段で、ツイニング・プロジェクトは、ピアツーピア（peer-to-peer）活動を通じて具体的な必須の運用成果を達成することを目的として、EU 加盟国と受益国の公共部門の専門知識を結集し促進する（イスラエルを含む 23 カ国が受益対象国）。

[技術・金融協力]

　イスラエルは、欧州近隣政策の下でほとんどの資金を提供する欧州近隣協定 (ENI) の恩恵を受けている。2014 年から 2020 年には、イスラエル政府との協力のために年間 200 万ユーロの ENI 資金支援があった。

[教　育]

　イスラエルは、エラスムス（注 3）、教育、訓練、若者、スポーツを支援するための EU

のプログラムなどから教育分野の協力を得ている。

  （注 3）ヨーロッパの教育、訓練、青少年、スポーツを支援する EU のプログラムで、推定予算は 262 億ユーロ、従前プログラム（2014 〜 2020 年）と比較してほぼ 2 倍の資金を用意している。2021 〜 2027 年のプログラムは、社会活動、グリーンおよびデジタルへの移行、若者の民主的な生活への参加の促進に重点を置く。

《欧州と混迷の中東》

 ハマスが 2024 年 10 月 7 日にイスラエルへの攻撃を開始し、約 1,200 人のイスラエル人を殺害し、250 人以上の人質を捕らえてから 1 年後、中東はより広範な戦争の瀬戸際に立たされている。ドイツ、オーストリア、ハンガリーなど一部の国はイスラエルの強力な支持者であり、イスラエルを抑制するという考えには至らないとしている。一方、スペインとアイルランドは、パレスチナを承認することで、二国家解決を前進させる象徴的な一歩を踏み出した。英国、フランス、スペイン、イタリア、オランダなどの他の国々は、イスラエルへの武器輸出を一部制限している。イスラエル政治の重心があまりにも右傾化したため、武器販売の協調的な停止でさえ、特にヨーロッパ諸国 (ドイツを除く) がイスラエルに限られた量の武器しか提供していないため、抑制には限界があったとみている。一方、イスラエルの武器調達先のほぼ 70 パーセントを占める米国は、武器供給の制限に消極的である。

 欧州人は、より広範な紛争に深く影響を受けるだろう。第一に、欧州政府から定期的に撤退すべきだと警告されているにもかかわらず、イスラエルを含む紛争地域にはまだ何千人もの欧州市民が生活している。各国政府は、彼らを避難させようとするか (空港が攻撃を受けているか、空域が争われている可能性がある場合)、その場に避難するように助言するかというジレンマに直面する。第二に、レバノンで戦闘が長引くと、多くの難民が逃げ出し、多くが欧州諸国にたどり着こうとするかもしれない。第三に、イランがホルムズ海峡を通過する船舶を攻撃したり、湾岸のエネルギー生産施設を攻撃したりすれば、欧州はエネルギー供給が途絶えるリスクに直面することになる。エネルギー価格が上昇するか、急騰する可能性があり、欧州のインフレを煽る可能性もある。イランが支援するフーシ派がイエメンで紅海の民間輸送船に対する攻撃を激化させれば、欧州のサプライチェーンはより混乱する可能性がある。第四に、欧州諸国は新たなテロリスクに直面する可能性がある。イスラエルがレバノンで大規模な軍事作戦を実施し、何千人もの民間人の死傷者を出していると

いうイメージは、過激化を煽り、欧州の世論をさらに分極化させる可能性がある。同時に、ヒズボラ、イラン、その他の関係者は、イスラエルを密接に支援する西側諸国に対してテロ攻撃や破壊行為につながることも想定される。最後に、欧州は、おそらくロシアの支援を得てイランが核開発計画を加速させていることについて、抑制に向け取り組むことを余儀なくされる可能性がある。核武装したイランは、サウジアラビアやおそらくトルコなど、この地域の他の国々に自国の核兵器を入手するよう促す可能性が高い。そして、ロシアが支援する核保有のイランは、リスクを敢えて冒す可能性もあり、すでに危険な組み合わせに、更なる不安定性が加わる。(出所："A mere spectator Europe and the imploding Middle East", Centre for European Reform, 2024年11月9日付)

(4) WTO・他加盟状況

　イスラエルは1995年4月WTOに正式に加盟した。自由貿易協定は13ヵ国・3地域（EU、EFTA、南米南部共同市場：メルコスール）と締結（2024年11月時点）、そのほか貿易協定がある。

　また2010年9月、OECDに正式に加盟した。OECD基準に基づいた経済統計情報の収集・公開および、貿易投資等に関する法制度の整備が進められている。

1. 二国間協定

A) 発効済他：米国（1985年9月）、ヨルダン（1995年10月）、カナダ（1997年1月）、トルコ（1997年5月）、メキシコ（2000年7月）、パナマ（2020年1月）、コロンビア（2020年8月）、ウクライナ（2021年1月）、英国（2021年1月）、韓国（2022年12月）、アラブ首長国連邦（2023年4月）、グアテマラ（2024年3月）、ベトナム（2023年7月署名済）。

B) 交渉開始：インドとのFTA締結に向けた両国間による交渉（2010年5月）、中国とのFTA締結に向けた両国間による交渉（2016年9月）、EAEU（ロシア、ベラルーシ、カザフスタン、アルメニア、キルギス）とのFTA締結に向けた両国間による交渉（2018年4月）、バーレーンとのFTA締結に向けた交渉（2022年9月）

2. 地域協定：

① EFTA（スイス、アイスランド、ノルウェー、リヒテンシュタイン）：1993年1月発効
② EU：2000年6月発効

③南米南部共同市場（メルコスール）（ブラジル、パラグアイ、ウルグアイ、アルゼンチン）：2010年6月発効

3. その他：

① ヨルダンとは関税の減免に関する貿易協定を締結している。1997年11月に中東和平を推進する米国の主導でヨルダンとイスラエル、米国の3ヵ国でQ.I.Z.（資格産業区域：Qualified Industrial Zone）協定を締結。これに基づき、イスラエル、ヨルダン、ガザ・西岸地区の3ヵ国・地域で総計35％の付加価値がつけられた製品は無関税、割当無制限で米国に輸出することが可能（なお、ヨルダンでは11.7％の付加価値を、イスラエルでは8％の部材〔ハイテク関連の場合は7％〕を最低限つけなければならない）。

② 2004年8月29日、ベトナムと貿易協力協定を締結。

③ 2004年12月14日、エジプト、イスラエル、米国との間でもQ.I.Z.協定を締結。

④ 2008年8月、貿易課税法改定。これにより産業貿易労働大臣は、特定の品目の大規模な輸入により国内産業に影響がおよぶ場合、当該輸入品に対し追加で課税できることとなった。

⑤ 2013年1月、欧州議会はEUとイスラエルの工業製品の適合性評価と受入に関する協定（ACAA）を承認。本協定は、EUとイスラエルの工業規格の同等性を認め、EUは貿易相手国が指定する機関が発行する適合性評価証明書を受け入れることになり、医薬品分野などにおけるイスラエル輸出業者によるEU市場へのアクセスがより簡易化される。

⑥ 2012年10月、米国とイスラエルが電気通信機器の双方への輸出簡易化を目的とした相互承認に署名した。

⑦ 2015年6月、イスラエルがアジア投資銀行（AIIB）の協定規定に合意、署名した。

⑧ 2015年11月、イスラエル国会がイスラエル人に関する課税情報を外国の租税当局に開示することを承認。

⑨ 2022年2月、モロッコと経済協力および貿易に関する協定に署名した。

⑩ 2022年11月、日本とイスラエルが経済連携協定（EPA）に関する共同研究を立ち上げることを発表した。（出所：ジェトロ「海外ビジネス情報」）

経済動向

1 経済構造

経済概況と特徴

　イスラエル経済牽引力の契機としては、20世紀における「冷戦」の終焉および東欧・旧ソ連における体制転換という歴史的変動がイスラエルにとっても多面的な影響を及ぼしたことが挙げられる。すなわち1990年前後に旧ソ連圏から100万人の移民が大量に流入したことである。この規模は当時のイスラエル人口の5分の1に相当したが、移民の3分の2はユダヤ系で、その移民のなかには高学歴者が多く、その質の高い労働力はイスラエルのハイテク産業にとってプラス要因として働いた。またユダヤ系移民が有する旧ソ連圏各共和国との人的・経済的コネクションはイスラエルとこれら諸国との貿易面での新たな機会を生み出した。イスラエルで事実上ロシア語が第2言語であるかのような状況を生んだ。

　その後20世紀末以降急速に国際的注目を集めるようになったのは、ICT（情報通信）関連産業の発展である。インテルなどのハード面での製造実績に加え、イスラエルでソフト開発面での優位性が特に注目されるようになった。今日の無人航空機（ドローン）を含む各種兵器、さらにビッグ・データ処理解析、サイバー・セキュリティ、ナノ・テクノロジー、製薬・バイオ関連産業などでのデジタル的総合化の基盤となった。同時にハイテク産業発展の担い手としてのベンチャー企業の群生とそれを支える制度的文化的側面が注目され、「起業国家」のモデルとして膾炙されることになった。2008年のリーマン・ショック以降の低成長に悩む先進国経済、従来の高成長から低めの経済へのソフトランディングをめざす中国、中国よりやや高成長を誇り成長産業としてのICTを有するインド、兵器輸出に優位性を保持しつつハイテク化を戦略的課題とするロシアなどが「イスラエル・モデル」への関心を深め、これら諸国との貿易関係にまで影響を及ぼすようになった。

　イスラエルは1960年代から70年代にかけてEU諸国との間で自由貿易協定（FTA）を締結した。さらに1985年に米国との間で締結されたFTAは、対米輸出拡大で重要な役割を果たした。イスラエルの貿易相手国の過半は欧米であるという構造は変わらなかった

■ 経済動向

が、1990年代になるとこれ以外の国との間で輸入割当の廃止と関税引き下げが進み始めた。1991年には非関税障壁の撤廃とそれを関税で代替するプログラムが導入されている。1997年に中東地域のトルコとの間でFTAが調印された。このような変化を背景に、20世紀末から21世紀にかけて特に注目されるイスラエルの対外経済関係の変化は、イ）多角化が進んでいること、ロ）米欧優位構造は続いていること、ハ）周辺アラブ地域との貿易関係は未発達でパレスチナ自治地域、エジプト、ヨルダンなどに限定されていること、二）中国、インド、トルコ、ロシアなどのいわゆるBRICS諸国やトルコのような新興経済圏との間の貿易が急増したこと、などである。これら4カ国からの輸入は1997年10億ドル（総輸入額の3.5%を占めた）であったが、2008年87億ドル（同13.4%）、2019年124億ドル（同16.2%）、2022年には220億ドル（同20.4%）へと最高額に達した。

　イスラエル経済の構造は次の様に多面的である。ホ）イスラエルの産業政策を支えてきたメカニズムの独自性であり、特に政府および国防軍（IDF）の関与とその指導的役割、およびその中で進展した産業発展におけるグローバル化の独自性である。具体的には実験データの集積のメカニズム（兵器・医療・サイバー・セキュリティなど）、経営者の供給源、技術発展やベンチャー・ファンドにおける政府・軍の指導性、資本調達におけるグローバル化の進展、特に米NASDAQ市場でのIPO（株式新規公開）の重要性、産業分野におけるニッチ性の追求などが注目される、ヘ）イスラエル・モデルの他地域への移転可能性である。米シリコン・バレー以外のITを経済産業発展の牽引力としようとしている複数の国や周辺中東アラブ諸国もイスラエル・モデルへの関心を強めていると見られるが、その技術移転の可能性については経済活動を活性化する上での「市民社会」的自由度とも関連している。（出所：「イスラエル経済：グローバル化と「起業国家」」中東レビュー Vol.5 アジア経済研究所）

《社会経済構造の特徴》

　国際通貨基金（IMF）によると、イスラエルの1人当たり名目GDPは2023年に5万3,810ドル（日本は5万1,399ドル）に達しており、2010年5月にOECD加盟国となっている先進国である。また、イスラエルは中東のシリコン・バレーとも呼ばれ、インテルやマイクロソフトなどの世界的に有名な企業の研究所が軒を連ねる。大企業は少ないがベンチャー企業が多いことでも知られ、失敗を恐れない企業家精神に富んだイスラエルの国民

性が影響していると考えられている。しかしながら、その発展過程は決して平坦ではなく、建国時から多くの困難な条件を背負っていた。歴史的経緯をみると、次の通りである。

① 1948年の建国当初から、周辺アラブ諸国と敵対関係にあったことで、国の防衛・安全保障に多額の支出を強いられた。また、対外経済関係も和平プロセスの進展に大きく影響を受けていた。

② 総面積約2万2,072平方km（日本の四国程度）のうち、約60％が砂漠・半砂漠で占められ、水資源は不足し、燃料・鉱物資源に恵まれなかった。

③ 国内に産業基盤を全く有していなかったことから、大量に押し寄せる移民を賄うための食糧、消費財、産業資材のほとんどを輸入に依存しなければならなかった。

このような困難な条件の中でイスラエルが高い経済成長を達成することができたのは、優秀な人材、勤勉な国民性もさることながら、他の新興独立国では決して見ることのできない特殊な条件に拠るところが大きい。それは以下の2点である。

イ）米国および在外ユダヤ人からの支援：1970年代から1980年代にかけて、米国ユダヤ人コミュニティーをはじめとする在外ユダヤ人からの寄付、米国政府からの軍事・経済援助、ホロコーストに伴うドイツからの補償・賠償金等が恒常的な経常収支の赤字を最小限にとどめる大きな役割を果してきた。

ロ）流入する移民：イスラエルの総人口は建国当時70万人に過ぎなかったが、2022年現在955万人に達している。その多くが移入民で、特に1989年のソ連崩壊に伴って移民が急増し、1990年から94年までの移民数は約61万人に上ったが、その後2023年の総労働力人口（703万人）のうち移民労働力人口は68.1％を占める72.1万に達した。急激な人口増加は国内市場の確立、住宅建設など内需の拡大をもたらすとともに、優秀な科学者、技術者の流入がハイテク産業の発展に大きく貢献した。

《国内総生産》

国内総生産（GDP）を支出別にみると、民間消費支出が常に5割強を占めイスラエル経済を牽引する原動力であるが、パンデミック禍における2020年の実質GDP成長がマイナス1.46％において、民間消費支出の伸び率がマイナス7.40％も落ち込み経済に大きな影響を及ぼした。総資本形成は毎年GDPの約4分の1強を占め実質GDP伸び率が2019年24.17％、2020年1.41％、2021年14.27％、2022年13.34％と順調に新型

経済動向

コロナ禍前までの上向き傾向に戻った。

産業部門別GDPの構成動向をみると、構成比率で首位の分野は金融・保険・不動産等が直近5年間で毎年18%強を占めた。2位の鉱工業がパンデミック前の2019年および2020年に13%強、2020年以降毎年15%台を維持した。3位の卸売・小売業/自動車修理/宿泊・外食等が直近5年間に毎年11%強で推移した。その他、住宅サービスが2020年まで11%強だったが2021年以降10%強台で推移した。

《消費者物価》

中央銀行統計（2024年12月25日更新）によれば、消費者物価指数（CPI、2022年＝100）の上昇率は、2020年マイナス0.6％、2021年1.4％、2022年4.3％、2023年4.3％と物価は高止まりしている。

CPI上昇率が高かった分野として2020年の住居（1.3％）、2021年の家具・備品（3.0％）、2022年の交通・通信（7.1％）/家具・備品（5.8％）/食料品（5.1％）/住居（4.5％）、2023年の住居（6.2％）/交通・通信（5.9％）/食料品（4.5％）など、主に住居、食料品並びに交通・通信が目立った。一方、同上昇率が低かった分野として2020年の衣類・履物（マイナス5.7％）/交通・通信（マイナス3.2％）、2021年の衣類・履物（マイナス4.6％）、2022年の衣類・履物（マイナス4.9％）、2023年の衣類・履物（マイナス7.8％）/家具・備品（マイナス2.8％）など、主に衣類・履物の物価下落が目立った。

《所得格差と貧困問題》

イスラエル政府（国立保険協会、The National Insurance Institute,The Research and Planning Administration）は、同国における所得格差および貧困状況に関する調査報告書を2023年12月発表した（Report on the Dimensions of Poverty and Income Inequality – 2022）。同報告書によれば、イスラエルの現社会経済状況は大きな懸念を引き起こしている。所得格差と貧困率は、国際比較でみても非常に高い水準にある。2022年には、貧困ライン以下の生活を送る人は198万人で、そのうち87万3,300人が子ども、15万2,500人が高齢者で、貧困率はそれぞれ20.9％、28.2％、12.7％だった。

貧困は低所得レベルだけでなく、健康や住宅など他の側面にも現れる多面性があるため、改善策は総合的で多くの分野を網羅する必要がある。イスラエルの福祉費に割り当てられた予算は先進国と比較して世界でも最低水準にある。2022年の公的社会支出はGDPの15.8%を占め、OECD平均の22.4%を上回り、韓国とアイルランドのみがイスラエルより低い評価を受けている。イスラエルの劣悪な社会経済状況と低い社会支出率により、予算の優先順位の変更と福祉予算の増額が求められている。新型コロナ禍中に政府の広範な支援により状況は改善されたが、同感染症危機からの回復に伴いパンデミック期間に提供されていた特別支援は、2021年後半時点で削減された。2022年には国民保険協会による支払いが実質11.5%減少したが、2022年の個人の貧困率は変わらず、所得格差はわずかに減少した。2023年10月には新たな「鉄の剣（Iron Swords）」紛争が勃発し、社会経済的影響は依然として予測が困難である。これらの影響が将来も続くことは、今日すでに明らかである。本調査により明らかになった要点は次の通り：

[生活水準と貧困ライン]
- 貧困ラインを示す1人当たり純所得の中央値は2022年実質1.9%上昇、貧困ラインは3,076NISに達した。
- 新型コロナウイルス危機期間中に提供された支援のほとんどが終了し、同支援額が大幅に減少した。

[貧困の様相]
　貧困層の状況は2022年に悪化した。貧困の深刻度と深刻度が高まり、前年からの増加が続いた。
- 子どもの貧困率は、2021年の28.0%から2022年には28.2%に増加した。高齢者の貧困率は、高齢者への所得支援給付の増加と資格の拡大により、15%から12.7%に減少した。
- アラブ系家族の貧困率は、2021年は38.9%、2022年は39%とほぼ変わらず、ハレディ派家族では34.4%から33.7%に減少。2022年には、貧困者総数に占めるアラブ系およびハレディ系社会の貧困者の割合は64.3%に達し、そのうちアラブ系が41.9%、ハレディ系が22.4%と、人口に占める割合は2倍となった。
- 貧困の地理的分布をみると、エルサレム、北部、南部地区の個人の貧困の程度は平均より高い。対照的に、テルアビブ地区と中央地区では、貧困率は平均より低い。

■ 経済動向

- 国際比較では、イスラエルの貧困率は先進国中最も高い部類に入る。国民と子どもの間では、イスラエルはコスタリカに次いで2番目に貧困率が高い。

[所得格差]

- 純所得格差のジニ係数は、2021年から2022年にかけて0.2%の緩やかな減少率となり、経済所得に基づく算出では2%減少した。
- 2021年から2022年にかけて、ほとんどの10分位の純所得は実質で1.5%から2.5%増加した。上位10分位では平均より低い層で0.7%増加し、下位10分位では6.0%減少した。
- 経済所得では、2022年にすべての10分位で増加が見られたが、10分位の上昇に伴い増加は緩やかになった（下位10分位を除く）。
- 国際比較では、イスラエルの不平等状況は貧困ほど極端ではないが、依然として高水準である。

基礎的経済指標

	2019	2020	2021	2022	2023
実質GDP成長率(%)*	3.75	△1.40	9.43	6.22	1.86
名目GDP(10億NIS)	1,424.6	1,417.3	1,581.9	1,763.8	1,868.4
1人当たり名目GDP(購買力平価、一人当たり国際ドル)*	41,369	41,201	46,531	52,000	53,810
財・サービス輸出(10億NIS)	416.7	391.4	463.9	559.6	576.5
財・サービス輸入(10億NIS)	390.5	333.6	407.1	507.6	507.1
経常収支(10億ドル)*	13.4	19.8	19.1	20.3	24.5
実質賃金上昇率(%)	2.5	10.1	2.1	△0.6	1.0
個人消費伸び率(%)	3.6	△7.4	11.5	7.4	△0.8
インフレ率(%)*	0.8	△0.6	1.5	4.4	4.2
失業率(%)*	3.73	4.17	4.81	3.69	3.37
雇用者数(1,000人)*	3,956.1	3,916.6	3,952.3	347.7	1,077.3
輸出伸び率(%)	0.3	△2.1	18.0	14.5	△8.5
政府財政赤字(GDP比%)	57.8	69.4	66.0	58.8	60.4
公的債務(GDP比%)	58.7	70.8	67.1	59.7	60.2
政策金利(%、期中最高値)	0.1	0.1	0.1	3.25	4.75
10年モノ国債名目利回り(%、年末)	0.95	0.93	1.20	3.38	4.07
10年モノ国債実質利回り(%、年末)	△0.57	△0.53	△1.25	0.77	1.54
対ドル為替レート(NIS、月平均・年末)	3.4754	3.3594	3.132	3.4516	3.6710
テルアビブ証券取引所(TA-35)指数(年末終値)	1,683.29	1,499.05	1,978.06	1,796.92	1,865.31
人口(千人)*	9,140	9,290	9,453	9,662	9,756
総投資額(GDP比%)*	23.17	22.72	23.87	25.03	24.56
総貯蓄額(GDP比%)*	12.95	13.73	14.84	16.50	15.51
政府歳入(GDP比%)*	35.9	45.6	42.4	37.1	38.1
政府歳出(GDP比%)*	38.9	44.1	42.1	38.2	37.8
基礎的財政収支(GDP比%)*	△1.9	△8.9	△0.8	3.6	△2.1
構造的財政収支(GDP比%)*	△4.0	△9.7	△3.5	△0.5	△5.4

〔出所〕中央銀行、中央統計局、IMF*

2 経済動向

(1) 最近の概況

　最近におけるイスラエル経済動向の分岐点は、新型コロナ感染症前とパンデミック解消期間中に分かれる。直近5年間における経済変動の経緯をみると（GDP値等は各当時時点）、感染症発生前の2017年イスラエル経済は、実質GDP成長率が前年比3.3%伸び、前年の4.0%成長を下回ったものの内需主導で底堅い成長を維持した。2018年の実質GDP成長率は前年比3.3%と、前年の3.5%成長を下回ったものの内需主導で底堅い成長を維持した。2019年のイスラエルの実質GDP成長率は3.5%と、前年の3.4%とほぼ同じ水準で、底堅い成長を維持した。

　感染症期間に入った2020年のイスラエル経済は、新型コロナ拡大の影響を受け、実質GDP成長率は前年の3.4%からマイナス2.6%となった。2020年に2度にわたるロックダウンなどの行動・営業制限が行われたため、休業・失業などで労働市場が冷え込み個人消費も落ち込んだ。その後2021年のイスラエル経済は、新型コロナ感染拡大によるロックダウンなどの影響を受け、実質GDP成長率がマイナス2.2%だった前年から、2021年は8.2%と大幅に回復した。2021年を通じて3回目の接種を含むワクチンキャンペーンを推進し、経済の回復に努めた。第2四半期にはロックダウンの反動から成長率がプラスに転じ、その後も回復基調を維持した。

(2) 2022年の概況

　2022年のイスラエル経済は、実質GDP成長率が6.5%と、前年の9.3%に続き高い成長率となった。新型コロナウイルス感染症の収束に伴う需要の増加により、民間消費支出が前年比7.4%増（2021年は同11.5%増）となり、経済成長をけん引した。また、住宅投資が拡大し、民間総固定資本形成が10.4%増だった。2022年の実質GDP成長率（前期比、年率換算）の推移を四半期ごとにみると、第1四半期は2.4%減だったが、第2四半期以降は6.3%、2.7%、4.3%とそれぞれ増加した。

　労働市場は、経済活動の回復に伴って雇用も回復し、年平均失業率は前年の5.0%から2022年は3.8%に低下した。一方、消費者物価指数（CPI）は、世界的な供給制約

やロシアによるウクライナ侵攻の影響により、2021年12月の2.8%から2022年12月には5.3%に上昇した。イスラエル中央銀行はインフレの抑制などのため、2022年4月会合から10会合連続で政策金利の引き上げを行い、2023年5月の会合では4.75%まで引き上げた。

(3) 2023年の概況

2023年の実質GDP成長率は2.0%で前年の6.5%から大幅に落ち込んだ。イスラエル経済鈍化の背景として、2022年から勃発したウクライナ情勢の影響により、資源・エネルギー面で産油国ロシアによる原油供給に懸念が生じたため原油価格が急激に上昇したこと、またロシアやウクライナからの小麦輸入の停止を受けて、中東各国でもパンなど小麦由来の食品を主食としているため、食糧安全保障も大きな課題となったこと、一方企業にとって影響が大きい物流コストも、新型コロナ感染拡大などによる高騰を経て、2022年内は高止まり傾向が続いたこと、などがあった。さらに、2023年10月に始まったパレスチナ自治区のガザを実効支配する目的で、イスラム原理主義組織のハマスによるイスラエルに向けたロケット弾などによる大規模な攻撃も拡大が懸念されたため、2023年の主な実質GDP伸び率は、財・サービス輸入がマイナス6.7%、総資本形成はマイナス3.7%、民間消費支出もマイナス0.8%と、経済全体に大きな影響を及ぼした。

(4) 2024年の直近概況

イスラエル中央統計局によれば、2024年1-9月間の前年同期比実質GDP伸び率はマイナス1.45%に落ち込んだ。このうち、総資本形成は同マイナス16.40%と大幅な落ち込みで、一方個人消費は同プラス2.23%と若干の伸びを示した。消費者物価（CPI、総合指数）の上昇率をみると、イ）2021年末～2022年9月末期間は4.3%であったが、ロ）2022年末～2023年9月末期間は2.9%に下落、ハ）直近2023年末～2024年9月末期間は3.4%と再び上昇したが、ハ）期間で目立ったのは野菜・果実（11.7%）、衣料・履物（マイナス3.9%）であった。一方、単月の物価動向としては、2024年7月0.6%、同8月0.9%、同9月マイナス0.2%と上下変動があった。中央銀行によれば（2025年1月19日公表）、2024年のインフレ率は3.07%と前年比1.14ポイント減少した。

■ 経済動向

　イスラエル中央銀行は2024年12月11日、イエメンのフーシ派の攻撃が紅海の国際貿易に与えた影響をまとめた報告書（The Impact of Houthi Attacks on International Trade: Is Israel an Exception?）を発表した。2023年には世界の海上コンテナ輸送量の約22％がスエズ運河を通過していたが、2023年11月以降、フーシ派の攻撃により、アジア・オセアニアと地中海・欧州を結ぶ航路がスエズ運河ルートから、南アフリカ共和国の喜望峰を回るルートへの変更を余儀なくされた。報告書は、この変更にもかかわらず、イスラエルのアジアからの輸入には大きな影響はなく、輸入価格も上昇しなかったとしている。イスラエルの貿易手段は、財輸出の大半は空輸で（約350億ドル）、紅海を通過する東南アジア、オセアニア、東アフリカ向け海上輸送額は全体の5％の約34億ドルにすぎないため、フーシ派の攻撃によるイスラエルの輸出への影響は限定的とみている。東南アジアやオセアニアからイスラエルへの海上輸入額は2023年に約200億ドルに達し、紅海の封鎖によって深刻な影響を受けるが、2023年のハマスとの戦闘開始後、これらの地域からの輸入全体に大幅な減少は見られないことが判明した。さらに、輸送費と保険料を含むイスラエルへの輸入価格は大きく上昇しなかったため、フーシ派による攻撃後2024年上半期のイスラエルの貿易への影響は限定的だったとしている。

《政策金利》

　イスラエル中央銀行の直近における政策金利経緯をみると、2023年11月27日に金融委員会会合を開催し、政策金利を4.75％に据え置くことを決定した。据え置きは同年7月、9月、10月に続いて4会合連続となった。金融委員会は、イスラエルとハマスの軍事衝突が続く中で、「物価の安定と経済活動の支援とともに、市場の安定と不確実性の軽減に重点を置いている」と説明した。

　2024年に入ると、イスラエル中央銀行は1月1日に金融委員会会合を開催し、政策金利を0.25ポイント引き下げ、4.5％とすることを決定した。ハマスとの戦闘の経済的影響は広範囲かつ重大で、経済活動全体に影響を及ぼしているとして、金融委員会の討議では、戦闘の経済的影響に焦点が当てられたとしている。新型コロナウイルスの感染拡大が始まった2020年4月以降、初めての利下げとなった。金利の行方については、インフレ率の目標への継続的な収束、金融市場の継続的な安定、経済活動、財政政策に従って決定されるとしている。中銀調査部の予測では、2024年第4四半期の金利は3.75～4％で、市

経済動向

場見通しよりも緩やかな引き下げになるとみている。

　次いで2024年8月28日、金融委員会会合で政策金利を4.5％に据え置くことを決定した。同年5会合連続据え置いた。同委員会は、イスラエルとハマスの衝突開始以来、特にここ数カ月は地政学的不確実性とその経済的影響が増大している旨指摘した。2024年第2四半期（4～6月）の実質GDP成長率は前期比年率1.2％と鈍化した。7月の消費者物価指数（CPI）は前月比で0.6％上昇し、前年同月比は3.2％上昇と目標範囲の上限をわずかに上回った。アミール・ヤロン中銀総裁は現地紙「グローブス」のインタビューで、「利下げは2025年後半まで行われない可能性がある」との方向性を示唆した（8月29日付）。その後、2025年1月6日時点でも政策金利を4.5％に維持している。

　中央銀行は、「インフレターゲット再考（Revisiting the Inflation Target）」のテーマであらためて同ターゲット目標を明確化した（2024年11月6日公表）。これによれば、現在のインフレ目標である1～3％は、2000年に政府によって定義され、2003年以降変更なく実施されている。実際には、インフレ目標制度は、長期にわたる物価安定という主な目標を達成している。2003年から2023年末までの年間平均インフレ率は1.5％で、中期予想（3～5年）はインフレ目標の中間値である2％に近かった。長期インフレ予想（10年）は、実際のインフレ率が目標範囲から大幅に外れているにもかかわらず、1～3％の範囲内にとどまっている。現在、イスラエルでは目標を定義する上で、範囲の中間値である2％は特別な意味を有しない。2％目標の両側に1％ポイントの幅を設けるという別の定義は、透明性を高め、期待を固定するのに役立つ可能性があるとみており、全体として代替目標の長所と短所を検討した結果、2003年以来実施されている既存のインフレ目標（1～3％の範囲）を維持することが正当であると結論付けた。

■ 経済動向

支出項目別実質GDP推移

〔単位：100万NIS、％〕

	2019	2020	2021	2022	2023
民間消費支出	738,428	683,771	762,158	818,654	812,249
政府消費支出	298,369	306,450	322,045	322,501	348,025
総資本形成	342,282	347,114	396,649	449,549	432,902
輸出(財・サービス)	429,021	418,579	481,077	522,623	519,646
輸入(財・サービス)	425,441	391,617	474,259	531,318	496,003
実質GDP	1,383,121	1,362,865	1,490,216	1,586,639	1,618,413
関税を除く	1,335,744	1,317,896	1,437,304	1,527,611	1,562,413
産業分野GDP	1,035,428	1,016,471	1,132,362	1,219,270	1,233,507
〈構成比〉					
民間消費支出	53.4	50.2	51.1	51.6	50.2
政府消費支出	21.6	22.5	21.6	20.3	21.5
総資本形成	24.7	25.5	26.6	28.3	26.7
輸出(財・サービス)	31.0	30.7	32.3	32.9	32.1
輸入(財・サービス)	30.8	28.7	31.8	33.5	30.6
実質GDP	100.0	100.0	100.0	100.0	100.0
関税を除く	96.6	96.7	96.4	96.3	96.5
産業分野GDP	74.9	74.6	76.0	76.8	76.2

〔出所〕イスラエル中央統計局（CBS,Central Bureau of Statistics 以下、「中央統計局」）

支出項目別実質GDP伸び率（2015年価格）

〔単位：％〕

	2019	2020	2021	2022	2023
民間消費支出	2.14	△7.40	11.46	7.41	△0.78
政府消費支出	1.91	2.71	5.09	0.14	7.91
総資本形成	24.17	1.41	14.27	13.34	△3.70
輸出(財・サービス)	5.10	△2.43	14.93	8.64	△0.57
輸入(財・サービス)	5.00	△7.95	21.10	12.03	△6.65
実質GDP	6.54	△1.46	9.34	6.47	2.00
関税を除く	6.17	△1.34	9.06	6.28	2.28
産業分野GDP	6.82	△1.83	11.40	7.67	1.17

〔出所〕中央統計局（CBS,Central Bureau of Statistics）

産業別実質GDP推移（2015年価格）

〔単位：100万NIS、%〕

	2018	2019	2020	2021	2022	2023
農林水産業	17,676	17,752	17,074	18,551	18,904	19,063
鉱工業	165,697	171,715	187,070	208,054	215,811	218,703
電力・上下水道・廃棄物処理	23,771	25,360	25,204	26,333	25,662	26,109
建設	68,797	71,050	66,818	73,110	78,473	73,852
卸小売・自動車修理・宿泊・外食	144,898	148,557	138,242	152,328	165,854	169,118
輸送・倉庫、郵便・宅配	44,014	44,015	35,760	41,907	47,820	47,083
情報・通信	109,842	121,577	128,289	143,202	157,861	169,972
金融・保険・不動産・科学技術・ビジネスサポート・サービス	218,641	227,874	224,878	249,401	265,201	268,872
行政・国防・社会保障	86,514	86,753	87,513	88,850	90,414	100,247
教育	75,713	77,703	73,125	79,319	82,591	84,520
保健・社会事業	71,545	73,152	74,784	81,969	85,491	87,414
芸術・余暇・レクリエーション・家庭内労働・その他	35,692	36,471	28,244	32,767	37,042	37,089
住宅サービス	133,351	137,787	141,501	144,857	148,730	153,103
GDP	1,195,626	1,239,215	1,226,858	1,337,804	1,419,085	1,454,981
〈構成比〉						
農林水産業	1.48	1.43	1.39	1.39	1.33	1.31
鉱工業	13.86	13.86	15.25	15.55	15.21	15.03
電気・上下水道・廃棄物処理	1.99	2.05	2.05	1.97	1.81	1.79
建設	5.75	5.73	5.45	5.46	5.53	5.08
卸小売・自動車修理・宿泊・外食	12.12	11.99	11.27	11.39	11.69	11.62
輸送・倉庫、郵便・宅配	3.68	3.55	2.91	3.13	3.37	3.24
情報・通信	9.19	9.81	10.46	10.70	11.12	11.68
金融・保険・不動産・科学技術・ビジネスサポート・サービス	18.29	18.39	18.33	18.64	18.69	18.48
行政・国防・社会保障	7.24	7.00	7.13	6.64	6.37	6.89
教育	6.33	6.27	5.96	5.93	5.82	5.81
保健・社会事業	5.98	5.90	6.10	6.13	6.02	6.01
芸術・余暇・レクリエーション・家庭内労働・その他	2.99	2.94	2.30	2.45	2.61	2.55
住宅サービス	11.15	11.12	11.53	10.83	10.48	10.52
GDP	100.00	100.00	100.00	100.00	100.00	100.00

〔出所〕中央統計局 Statistical Abstract of Israel 2024-No.75

産業別実質GDP伸び率（2015年価格）

〔単位：％〕

	2019	2020	2021	2022	2023
農林水産業	0.43	△3.82	8.65	1.90	0.84
鉱工業	3.63	8.94	11.22	3.73	1.34
電気・上下水道・廃棄物処理	6.68	△0.61	4.48	△2.55	1.74
建設	3.27	△5.96	9.42	7.34	△5.89
卸小売・自動車修理・宿泊・外食	2.53	△6.94	10.19	8.88	1.97
輸送・倉庫、郵便・宅配	0.00	△18.75	17.19	14.11	△1.54
情報・通信	10.68	5.52	11.62	10.24	7.67
金融・保険・不動産・科学技術・ビジネスサポート・サービス	4.22	△1.31	10.90	6.34	1.38
行政・国防・社会保障	0.28	0.88	1.53	1.76	10.88
教育	2.63	△5.89	8.47	4.12	2.34
保健・社会事業	2.25	2.23	9.61	4.30	2.25
芸術・余暇・レクリエーション・家庭内労働・その他	2.18	△22.56	16.01	13.05	0.13
住宅サービス	3.33	2.70	2.37	2.67	2.94
GDP	3.65	△1.00	9.04	6.08	2.53

〔出所〕中央統計局 Statistical Abstract of Israel 2024-No.75 より ARC レポート作成

支出項目別GDP（市場価格）

〔単位：100万 NIS〕

	2019	2020	2021	2022	2023
民間消費支出	744,379	686,659	775,464	867,915	900,599
政府消費支出	316,137	330,498	350,021	368,512	419,065
総資本形成	337,815	342,305	399,572	475,304	479,571
輸出（財・サービス）	416,747	391,434	463,900	559,627	576,597
輸入（財・サービス）	390,505	333,552	407,097	507,552	507,387
名目GDP	1,424,572	1,417,344	1,581,860	1,763,806	1,868,446
関税を除く	1,385,424	1,378,229	1,536,005	1,712,640	1,818,750
産業分野GDP	1,046,698	1,032,719	1,187,374	1,341,875	1,392,526

〔出所〕中央統計局（CBS, Central Bureau of Statistics）

貿易・投資動向

1 貿易動向

　イスラエル経済は今日、グローバル化、活発な軍需・ニッチ型高技術志向起業ブーム、中東における周辺諸国との政治外交的関係などを背景として、軍事技術にも直結するIT・エレクトロニクス・バイオテクノロジーなど先端ニッチ産業とそれを支える新興企業が注目を集めている。イスラエル経済を今日の高い段階に導く決定的な転換に至った要因として、1985年導入の経済安定化計画（Economic Stabilization Plan：以下ESP）が挙げられる。EPSの政策手段は財政政策から通貨金融政策への転換であり、目指す課題は、労働市場の規制緩和、金融市場の自由化、貿易・資本移動の制限撤廃、外資の受入れなどである。ESP以降現在に至るイスラエル経済の基本的歩みは、基本的にネオリベラリズムに基づく金融・労働市場などの自由化とグローバリズムの展開であり、資本市場のグローバル化への進展にも寄与した。IPO（新規公開株式）市場、特にIT関連企業のIPOでは米国のナスダック（NASDAQ, National Association of Securities Dealers Automated Quotations）が重要な意義を持つようになった。またIT関連企業はイスラエル国内ではなく当初からNASDAQでの上場を選好する傾向が強まった。外資によるイスラエル企業の買収も急速に進展し始めた。2010年代になるとイスラエル企業による海外企業の買収・合併が次第に活発化するようになった（現在、テルアビブ証券取引所（TASE）とニューヨーク株式市場、特にNASDAQ市場との連動性が指摘されている）。

　イスラエルは自由貿易協定の締結による貿易拡大政策を早期に採用してきた。1960年代以降70年代にかけてEU諸国と自由貿易協定を結んだが、1985年に米国との間で結んだ自由貿易協定は対米輸出拡大で重要な役割を果たした。1990年代になるとこれ以外の国との間で輸入割当の廃止と関税引き下げが進み、1991年には非関税障壁の撤廃とそれを関税で代替するプログラムが導入された。1997年にはトルコとの自由貿易協定が調印された。貿易・資本移動の制限撤廃が進捗したため、かつて貿易品目の第1位であったダイヤモンドの輸出構成比は、2005年に28.2%（120.6億ドル）、2020年に9.0%（44.9

億ドル）、2023年に10.2%（64.3億ドル）、一方繊維品・アパレル製品の同構成比は2005年に2.4%（10.4億ドル）、2020年に1.7%（8.7億ドル）、2023年に1.3%（8.5億ドル）と年々大きく低下し、付加価値の高いハイテク製品の輸出に構造転換している。

　自由貿易協定の推進などにより、2023年における地域別の輸出仕向け先では、欧州地域が全体の36.2%と最大で（うちEU諸国は28.1%を占めた）、次いで北米地域（米国、カナダ）が同28.7%を占め、アジア地域が同20.8%を占めるなどであった。一方、輸入相手地域では、欧州地域が全体の47.8%を占め輸出入とも最大であり（うちEUは33.5%を占めた）、次いでアジア地域が同28.3%を占め、北米地域が同10.3%を占めた。

輸出入動向（通関ベース）

〔単位：100万ドル〕

	輸出	輸入	収支		輸出	輸入	収支
2006	43,959	47,350	△3,391	2015	57,076	60,787	△3,711
2007	51,302	56,005	△4,703	2016	55,929	64,150	△8,222
2008	58,590	64,438	△5,848	2017	58,179	68,523	△10,344
2009	46,717	46,002	715	2018	60,171	76,897	△16,726
2010	56,248	58,288	△2,040	2019	60,360	75,686	△15,326
2011	63,045	72,637	△9,592	2020	59,098	70,523	△11,426
2012	60,740	70,534	△9,794	2021	69,759	91,423	△21,664
2013	62,950	70,585	△7,635	2022	79,899	106,005	△26,106
2014	63,220	71,469	△8,249	2023	73,139	93,350	△20,211

〔出所〕中央統計局（Statistical Abstract of Israel 2024 - No.75）より作成

（1）2022年の動向

　中央統計局（CBS）によれば、2022年の輸出は前年比14.5%増の798億9,900万ドル、輸入は同16.0%増の1,060億500万ドルであった。この結果、貿易赤字幅は前年の216億6,400万ドルから約44億ドル増加し、261億600万ドルに拡大した（注）。

　　（注）「輸出入動向」の合計値と「主要商品別輸出入（SITC分類）」の合計値とは合致しない。

　主要品目別（SITC分類）の輸出動向をみると、全体の29.3%を占める機械類および輸送用機器（前年比12.7%増）が約212億ドルと首位、このうち同11.9%を占める電気機械・同部品は86億ドル超（同13.9%増）に達した。次いで、工業製品は同20.1%を占

め146億ドル、中でも非金属鉱物は115億ドル（同23.9％増）と順調であった。3位の化学製品は同19.9％を占め145億ドル（同36.1％増）に達し順調に増加した。

　地域別にみると、最大の輸出先である北米は約197億ドル（輸出全体の27.1％を占めた、前年比16.1％増）、次いでEUは約180億ドル（同24.8％を占めた、同24.7％増）、アジアは約167億ドル（同23.0％を占めた、同17.6％増）などの主要地域で大きく増加した。仕向け先で前年比伸びが目立った国をみると、北米ではカナダ（70.3％増）、米国（14.1％増）、EUではキプロス（83.3％増）、アイルランド（79.5％増）、ルーマニア（79.1％増）、スロベニア（58.1％増）、その他欧州諸国ではスイス（106.0％増）、英国（51.7％増）などであった。アジアではフィリピン（94.0％増）、シンガポール（64.8％増）、台湾（31.3％増）、タイ（24.1％増）、インド（22.6％増）が著増したが、中国（5.3％増）、日本（8.4％減）は不活発であった。

　主要品目別（SITC分類）の輸入動向をみると、首位は全体の32.9％を占める機械類および輸送用機器（前年比14.5％増）が約355億ドルで、このうち同8.5％を占める道路車両が約92億ドル（同21.1％増）、同7.8％を占める電気機械・同部品が約84億ドル（同16.6％増）の増加が目立った。2位の工業製品は同18.0％を占め194億ドル（同10.8％増）に達し、このうち4割強を占める非金属鉱物は約86億ドルであった（同5.9％増）。3位の鉱物性燃料は同13.6％を占め約147億ドル（同60.7％増）と、このうち石油製品が8割強であった。4位の化学製品（医薬品、プラスチック品、有機化学品等）は約129億ドル（同12.1％増）に達し、これら主要輸入品目は二桁拡大した。

　輸入相手地域をみると、全体の31.9％を占めるEUが約343億ドル（前年比9.4％増）と前年に続き最大で、2位で28.4％を占めるアジアが約306億ドル（同20.4％増）、3位で9.4％を占める北米が約101億ドル（同12.8％増）と続いた。輸入相手先で前年比伸びが目立った国をみると、EUではフランス（49.9％増）、スウェーデン（44.0％増）、デンマーク（22.8％増）、アジアではシンガポール（24.8％増）、韓国（24.2％増）、中国（22.6％増）、北米ではカナダ（40.9％増）などであったが、日本（3.4％減）は不活発であった

(2) 2023 年の概況

　中央統計局（CBS）によれば、2023 年の輸出は前年比 8.5％減の 731 億 3,900 万ドル、輸入は 11.9％減の 933 億 5,000 万ドルとなった。コロナ禍以降貿易動向は 2022 年まで順調に拡大していたが、ハマスによるイスラエル攻撃から打ち続く戦争がその後一層深刻化し、経済活動に大きな影響を及ぼしたため、実質 GDP は 2022 年の 6.47％から 2023 年は 2.00％まで落ち込み輸出入とも大幅に減少した。このため、貿易赤字幅は前年（261 億 600 万ドル）から約 60 億ドル改善し 202 億 1,100 万ドルに留まり、3 年連続 200 億ドル台の大幅赤字を計上した。

　主要品目別（SITC 分類）の輸出動向をみると、全体の 33.0％を占める機械類および輸送用機器（前年比 1.4％減）が約 209 億ドルと首位、このうち多くの品目が減少したが、同 14.1％を占める電気機械・同部品は 89 億ドル超（同 3.6％増）並びにコンピュータを含む事務用機器・データ加工機（同 8.4％増）は増加した。次いで、同 20.4％を占める化学製品が約 129 億ドル（同 10.8％減）、3 位の工業製品が同 17.3％を占め約 109 億ドル（同 25.1％減）と、これら上位品目は前年比二桁台の減少となった。

　地域別にみると、最大の輸出先である北米は約 197 億ドル（輸出全体の 28.7％を占めた、前年比 7.6％減）、次いで EU は約 178 億ドル（同 28.1％を占めた、同 1.1％減）、アジアは約 132 億ドル（同 20.8％を占めた、同 20.8％減）と、主要地域の中でアジア地域向けの落ち込みが目立った。仕向け先で前年比変動が目立った国をみると、北米ではカナダ（33.4％減）、米国（6.2％減）、EU では明暗が分かれ、増加した国はハンガリー（69.5％増）、ルーマニア（67.2％増）、ポーランド（40.0％増）などで、減少した国はフランス（31.7％減）、マルタ・ギリシャ・キプロス（各国 25.8％減）などであった。一方、他の欧州諸国ではスイス（55.8％減）、トルコ（33.5％減）、英国（32.2％減）の落ち込みが目立った。アジアで香港（12.7％増）、日本（4.3％増）は増加したが、減少の目立った国は台湾（37.8％減）、インド（32.9％減）、シンガポール（32.4％減）、中国（26.3％減）などが挙げられる。

　主要品目別（SITC 分類）の輸入動向をみると、首位は全体の 35.4％を占める機械類および輸送用機器（前年比 8.3％減）が約 325 億ドルで、このうち同 10.2％を占める道路車両が約 93 億ドル（同 1.9％増）、同 8.2％を占める電気機械・同部品が約 75 億ドル（同 10.7％減）と前年比二桁減少した。2 位の工業製品は同 16.6％を占め約 153 億ドル

（同21.2％減）と前年の景況から落ち込んだ、このうち4割強を占める非金属鉱物は約64億ドル（同25.6％減）と工業製品輸入の減少要因となった。化学製品は同11.6％を占め約106億ドル（同17.6％減）と、これら主要品目の輸入減少は国内生産動向へ下向きの影響を及ぼしたとみられる。

輸入相手地域をみると、全体の33.5％を占めるEUが約307億ドル（前年比10.4％減）と前年に続き最大で、2位で28.3％を占めるアジアが約260億ドル（同15.0％減）、3位で10.3％を占める北米が約95億ドル（同6.5％減）と続いた。輸入相手先で前年比変動が目立った国は、増加国がEUでスロバキア（16.4％増）のみ、減少国がポルトガル（30.1％減）、ルーマニア（28.7％減）、フランス（26.3％減）、アジアではシンガポール（34.8％減）、日本（26.5％減）、北米ではカナダ（20.5％減）などであった。

(3) 2024年の概況

2024年の貿易動向をイスラエル通関統計でみると（速報値、2025年1月29日公表）、輸出は前年同期比4.5％減の604億6,620万ドル、輸入は同0.45％減の918億4,890万ドルとなった。2023年激化したハマスとの武力衝突により同年以降景気の減速傾向がみられ、貿易動向にも影響を及ぼしたとみられる。同期間の貿易収支の概算赤字幅は前年同期比9.9％増の313億8,270万ドルに拡大した。

主要品目別の輸出概況をみると、全体の16.3％を占める化学品は前年比11.0％減の98億6,110万ドル、同10.6％を占めるダイヤモンド等の宝飾品は同19.7％減の64億2,390万ドル、同32.6％を占める機械・電気機器（主として電気機器）は同4.1％増の196億9,300万ドル、同12.3％を占める科学・光学機器は同3.3％減の74億3,430万ドルなどであった。主要品目別の輸入概況をみると、全体の10.8％を占める鉱産品（主として化石燃料）は前年比14.2％減の98億7,500万ドル、同4.4％を占めるダイヤモンド等の宝飾品は同20.4％減の40億2,210万ドル、同6.7％を占める基礎金属製品は同2.1％増の61億5,210万ドル、同24.1％を占める機械・電気機器（主として電気機器）は同1.9％増の221億690万ドル、同11.5％を占める輸送機器（主として車両）は同0.4％減の105億6,220万ドル、同4.2％を占める科学・光学機器は同5.3％増の38億9,080万ドルなどであった。

主要仕向け地域別の輸出概況をみると、全体の28.8％を占める欧州地域向けは前年比

貿易・投資動向

8.4％減の210億ドル（うちEU向け174億ドル）、同20.4％を占めるアジア地域向けは同6.5％減の123億3,370万ドル（うち中国向け28億ドル、インド向け22.3億ドル、日本向け8.7億ドルなど）、同30.0％を占める北米地域向けは同2.4％減の181億3,180万ドル（うち米国向け172億ドル）などであった。主要相手地域別の輸入概況をみると、全体の45.0％を占める欧州地域は前年比5.8％減の413億4,520万ドル（うちEUは313.8億ドル）、同32.0％を占めるアジア地域は同13.3％増の294億ドル（うち中国135.3億ドル、日本12億ドルなど）、同10.7％を占める北米地域向けは同2.4％増の97億8,960万ドル（うち米国92.2億ドル）などであった。

主要商品別輸出（SITC分類）

〔単位：100万ドル、％〕

輸出品目（注）	2021	2022	2023	構成比	伸び率
食料品及び動物（食用）	1,925.7	1,923.3	2,241.7	3.5	16.6
野菜・果実	1,305.8	1,289.8	1,508.9	2.4	17.0
飲料及びたばこ	88.2	94.8	91.2	0.1	△3.8
非食品原材料（鉱物性燃料を除く）	1,155.7	1,085.2	943.7	1.5	△13.0
金属鉱石および金属スクラップ	536.8	529.8	412.9	0.7	△22.1
他に分類されない動物性及び植物性原料	350.9	326.2	302.9	0.5	△7.2
鉱物性燃料	4,283.6	7,021.7	4,440.0	7.0	△36.8
石油、石油製品	-	-	-	NA	NA
動植物性油脂	41.4	41.3	44.8	0.1	8.5
化学製品	10,623.7	14,462.3	12,901.4	20.4	△10.8
有機化学品	1,425.1	1,946.7	1,189.2	1.9	△38.9
無機化学品	1,093.5	1,519.4	1,356.6	2.1	△10.7
医薬品	2,167.8	3,240.7	1,949.0	3.1	△39.9
化学肥料	1,603.9	3,072.3	2,099.9	3.3	△31.7
化学原料	1,232.9	1,446.8	3,396.6	5.4	134.8
工業製品	12,339.3	14,614.3	10,943.2	17.3	△25.1
繊維用糸、織物、その他の繊維加工品	849.2	872.1	806.3	1.3	△7.5
非金属鉱物	9,277.4	11,496.9	7,738.1	12.2	△32.7
金属製品	1,362.1	1,299.5	1,508.2	2.4	16.1
機械類及び輸送用機器	18,850.7	21,241.1	20,934.8	33.0	△1.4
一般産業機械・同部品	2,008.5	2,063.7	1,861.4	2.9	△9.8
事務用機器、データ加工機器	955.9	984.8	1,067.8	1.7	8.4
通信機器、録音再生機器等	3,609.3	4,010.1	3,845.9	6.1	△4.1
電気機械・同部品	7,560.0	8,608.4	8,919.0	14.1	3.6
他の輸送機器	2,392.2	3,062.2	2,481.1	3.9	△19.0
雑製品	10,837.2	12,066.1	10,796.5	17.0	△10.5
アパレル・衣料品	144.1	159.8	168.4	0.3	5.4
科学機器・制御機器等	5,801.9	6,601.7	6,082.0	9.6	△7.9
その他工業品	4,008.0	4,437.1	3,840.4	6.1	△13.4
その他	15.9	15.3	9.6	0.0	△37.1
合計	60,158.4	72,565.1	63,346.7	100.0	△12.7

注1：国連標準国際貿易分類（SITC：Standard International Trade Classification）第4版の大分類による
注2：前表「輸出入動向」数値と本統計表「主要商品別輸出」の合計値は一致しない
〔出所〕中央統計局

主要商品別輸入（SITC分類）

〔単位：100万ドル、％〕

輸入品目(注)	2021	2022	2023	構成比	伸び率
食料品及び動物（食用）	7,098.1	8,290.4	7,536.6	8.2	△9.1
肉・同加工品	869.1	1,072.0	835.3	0.9	△22.1
シリアル・同加工品	1,543.3	1,819.3	1,621.1	1.8	△10.9
野菜・果実	1,141.3	1,348.4	1,215.9	1.3	△9.8
コーヒー・紅茶・ココア	580.4	639.5	610.9	0.7	△4.5
動物用飼料	704.7	808.6	673.6	0.7	△16.7
飲料及びたばこ	877.5	847.5	846.5	0.9	△0.1
非食品原材料（鉱物性燃料を除く）	1,469.3	1,750.4	1,331.6	1.4	△23.9
油種子および油性果実	308.6	373.1	339.4	0.4	△9.0
コルクおよび木材	375.8	353.0	272.7	0.3	△22.7
肥料原料および鉱物（燃料品を除く）	282.5	388.9	231.3	0.3	△40.5
鉱物性燃料	9,131.2	14,670.9	9,993.6	10.9	△31.9
石油、石油製品	8,133.8	12,401.8	9,800.9	10.7	△21.0
動・植物性油脂	340.1	436.2	373.0	0.4	△14.5
化学製品	11,524.5	12,915.6	10,643.9	11.6	△17.6
有機化学品	1,666.0	2,201.6	1,496.2	1.6	△32.0
無機化学品	472.6	727.8	558.7	0.6	△23.2
医薬品	3,730.7	3,696.2	3,623.0	3.9	△2.0
エッセンシャルオイル・香水	1,214.3	1,306.2	1,248.3	1.4	△4.4
一次加工プラスチック品	1,973.2	2,232.8	1,446.1	1.6	△35.2
未加工プラスチック品	636.3	729.3	643.7	0.7	△11.7
化学原料	1,245.7	1,360.8	1,103.8	1.2	△18.9
工業製品	17,486.1	19,371.8	15,269.7	16.6	△21.2
紙、板紙および同加工品	955.8	1,231.4	985.8	1.1	△19.9
繊維用糸、織物、その他繊維加工品	1,011.3	970.0	827.2	0.9	△14.7
非金属鉱物	8,072.9	8,549.9	6,364.1	6.9	△25.6
鉄鋼	2,938.8	3,546.8	2,730.4	3.0	△23.0
非鉄金属品	1,136.7	1,258.1	1,020.8	1.1	△18.9
金属製品	2,214.8	2,541.8	2,319.3	2.5	△8.8
機械類及び輸送用機器	30,976.6	35,465.9	32,526.3	35.4	△8.3
特定産業用機械	2,585.8	2,235.6	1,881.4	2.0	△15.8
一般産業機械・同部品	3,732.2	4,046.1	3,825.9	4.2	△5.4
事務用機器、データ加工機器	2,738.4	3,104.0	2,501.0	2.7	△19.4
通信機器、録音再生機器等	4,237.6	4,235.3	4,032.1	4.4	△4.8
電気機械・同部品	7,213.0	8,412.0	7,514.4	8.2	△10.7
道路車両	7,560.8	9,158.1	9,327.7	10.2	1.9
他の輸送機器	986.1	2,046.4	1,205.3	1.3	△41.1
雑製品	11,557.7	12,159.8	10,774.8	11.7	△11.4
アパレル・衣料品	2,622.2	2,856.2	2,411.3	2.6	△15.6
科学専門・制御機器等	2,183.7	2,425.1	2,355.3	2.6	△2.9
その他工業品	3,188.3	3,148.4	2,913.4	3.2	△7.5
その他	1,702.2	1,845.4	2,592.9	2.8	40.5
合計	92,158.8	107,753.9	91,889.9	100.0	△14.7

注：国連標準国際貿易分類（SITC：Standard International Trade Classification）第4版の大分類による
〔出所〕中央統計局（Statistical Abstract of Israel 2024-No.75）

主要国・地域別輸出(FOB)

〔単位：100万ドル、％〕

	2021	2022	2023	構成比	伸び率
アジア	14,169	16,658	13,193	20.8	△20.8
インド	2,735	3,354	2,249	3.6	△32.9
香港	1,385	1,622	1,828	2.9	12.7
フィリピン	176	341	288	0.5	△15.6
台湾	1,063	1,396	867	1.4	△37.8
日本	989	906	945	1.5	4.3
中国	4,398	4,631	3,414	5.4	△26.3
シンガポール	694	1,143	773	1.2	△32.4
韓国	1,154	1,304	1,078	1.7	△17.3
タイ	300	373	326	0.5	△12.5
その他諸国	1,193	1,432	1,313	2.1	△8.3
欧州全体	20,358	26,045	22,935	36.2	△11.9
EU	14,433	17,994	17,792	28.1	△1.1
イタリア	1,378	1,524	1,256	2.0	△17.6
アイルランド	1,435	2,576	3,422	5.4	32.8
ベルギー、ルクセンブルク	1,995	2,040	1,617	2.6	△20.7
ドイツ	1,793	1,881	2,122	3.3	12.8
オランダ	2,234	2,439	2,647	4.2	8.5
ハンガリー	153	146	248	0.4	69.5
ギリシャ	472	667	495	0.8	△25.8
マルタ	273	248	184	0.3	△25.8
スロベニア	366	579	735	1.2	26.9
スペイン	1,121	1,198	986	1.6	△17.7
ポーランド	224	298	417	0.7	40.0
フランス	1,413	2,081	1,422	2.2	△31.7
キプロス	575	1,054	782	1.2	△25.8
ルーマニア	170	304	508	0.8	67.2
EFTA	812	1,597	735	1.2	△54.0
スイス	743	1,530	676	1.1	△55.8
その他の欧州諸国	5,113	6,454	4,409	7.0	△31.7
英国	2,058	3,121	2,117	3.3	△32.2
トルコ	1,919	2,339	1,554	2.5	△33.5
ロシア連邦	794	653	591	0.9	△9.5
米州諸国(合計)	19,271	22,894	20,619	32.5	△9.9
北米	16,931	19,659	18,165	28.7	△7.6
米国	16,319	18,617	17,470	27.6	△6.2
カナダ	612	1,042	695	1.1	△33.4
中米・南米・カリブ海諸国	2,340	3,234	2,455	3.9	△24.1
中米・カリブ海諸国	581	680	560	0.9	△17.7
メキシコ	385	510	415	0.7	△18.6
南米	1,760	2,554	1,895	3.0	△25.8
ブラジル	1,260	1,942	1,362	2.1	△29.9
アフリカ(合計)	735	743	877	1.4	18.0
南アフリカ	225	252	207	0.3	△17.8
エジプト	121	127	259	0.4	104.2
オセアニア(合計)	637	661	557	0.9	△15.8
オーストラリア	556	587	466	0.7	△20.6
合計(その他を含む)	60,158	72,565	63,347	100.0	△12.7

〔出所〕中央統計局（Statistical Abstract of Israel 2024-No.75）

貿易・投資動向

主要国・地域別輸入（CIF）

〔単位：100万ドル、％〕

	2020	2021	2022	2023	構成比	伸び率
アジア	17,917	25,382	30,560	25,964	28.3	△15.0
インド	1,723	2,630	2,703	2,095	2.3	△22.5
香港	2,162	2,920	3,206	2,502	2.7	△22.0
台湾	938	1,106	1,319	1,111	1.2	△15.8
日本	1,246	1,451	1,401	1,030	1.1	△26.5
中国	7,670	10,728	13,151	11,293	12.3	△14.1
シンガポール	1,074	1,736	2,167	1,413	1.5	△34.8
韓国	1,693	2,252	2,797	2,511	2.7	△10.2
タイ	396	569	603	544	0.6	△9.9
その他諸国	747	1,514	2,609	2,899	3.2	11.1
欧州全体	37,088	47,014	50,397	43,890	47.8	△12.9
EU	24,501	31,372	34,323	30,744	33.5	△10.4
オーストリア	610	666	727	603	0.7	△17.0
イタリア	2,687	3,366	3,470	3,272	3.6	△5.7
アイルランド	1,216	1,976	1,920	1,871	2.0	△2.6
ベルギー、ルクセンブルク	3,616	4,788	4,730	3,998	4.4	△15.5
ドイツ	5,230	6,560	7,076	6,515	7.1	△7.9
デンマーク	323	413	507	525	0.6	3.5
オランダ	2,902	3,712	4,278	3,919	4.3	△8.4
ハンガリー	245	314	358	392	0.4	9.4
ギリシャ	375	507	587	489	0.5	△16.6
スロバキア	133	243	175	203	0.2	16.4
スペイン	1,526	2,033	2,111	1,928	2.1	△8.7
ポーランド	479	629	650	587	0.6	△9.6
ポルトガル	297	406	485	339	0.4	△30.1
フィンランド	357	426	351	319	0.3	△9.1
チェコ共和国	670	826	857	847	0.9	△1.1
フランス	2,138	2,368	3,551	2,618	2.8	△26.3
キプロス	224	270	299	292	0.3	△2.3
ルーマニア	258	483	438	312	0.3	△28.7
スウェーデン	707	782	1,127	1,109	1.2	△1.6
EFTA	5,466	6,898	6,542	5,192	5.7	△20.6
ノルウェー	208	274	449	265	0.3	△40.9
スイス	5,254	6,618	6,089	4,924	5.4	△19.1
その他の欧州諸国	7,121	8,744	9,532	7,953	8.7	△16.6
英国	2,974	2,990	3,187	2,911	3.2	△8.6
トルコ	3,498	4,764	5,700	4,608	5.0	△19.2
ロシア連邦	425	705	392	183	0.2	△53.4
米州諸国（合計）	9,566	10,190	11,502	10,619	11.6	△7.7
北米	8,604	8,966	10,111	9,452	10.3	△6.5
米国	8,327	8,631	9,639	9,077	9.9	△5.8
カナダ	276	335	472	375	0.4	△20.5
中米・南米・カリブ海諸国	963	1,224	1,391	1,167	1.3	△16.1
中米・カリブ海諸国	146	248	209	242	0.3	15.5
メキシコ	75	107	110	105	0.1	△4.6
南米	816	976	1,182	926	1.0	△21.7
ウルグアイ	139	221	222	143	0.2	△35.6
アルゼンチン	204	189	257	264	0.3	2.9
ブラジル	220	297	398	271	0.3	△31.9
チリ	110	96	131	142	0.2	8.5
アフリカ（合計）	323	331	434	747	0.8	72.2
エチオピア	72	64	69	64	0.1	△7.6
ボツワナ	0	0	0	219	0.2	100.0
南アフリカ	74	60	72	145	0.2	102.1
エジプト	80	127	180	183	0.2	1.8
オセアニア（合計）	201	240	265	280	0.3	5.4
オーストラリア	166	213	239	256	0.3	7.2
合計（その他を含む）	70,326	92,159	107,754	91,890	100.0	△14.7

〔出所〕中央統計局（Statistical Abstract of Israel 2024 - No.75）

2　投資動向

(1) 概　況

　イスラエルは国土が小さく、市場としての成長性が見込めない、土地や資源が限られているといった制約から製造業での立国が難しく、イノベーション産業を国策として進めてきた。1993年に始まった政府主導のVC産業育成施策であるヨズマ（Yozma）プログラムや、スタートアップの初期段階サポートを行うインキュベータープログラムなど、主に資金供与による支援が主流である。今後の取り組みとしては、先進的なテクノロジー普及のため、規制のサンドボックス制度や新技術の実証実験支援などが取り組み事項として挙げられている。歴史的に周辺国と緊張関係にあり、国民皆兵役制を敷くイスラエルでは、精密機器をはじめとしたBtoBの産業機械投資が大きな割合を占める。投資家の目にとまる先進技術があることに加えて、製造業はある程度まとまった先行投資が必要となるため、投資額が大きくなると考えられる。投資額が大きい分野としては、エンタープライズ、ITおよびデータ関連領域やサイバーセキュリティなどが挙げられる。

　政府はハイテクベンチャーが海外で活躍できる機会を広げるべく、戦略的な支援を行っている。イスラエル企業ができるだけ多くの国々で有利にビジネスを展開できるよう、FTA（自由貿易協定）や投資保護協定の締結に熱心であり、二国間R&D協定締結やR&D基金の創設にも意欲的で、こうした政府による手厚い投資優遇措置が対内・対外投資増大の原動力となっている（出所：地域・分析レポート「次なるイノベーション・エコシステム」ジェトロ）。

《対外投資残高》

　中央銀行統計によれば2023年末の対外直接投資残高は6,981億6,100万ドルで（2024年9月23日公表）、前年比10.5％増と直近3年間は6千億ドル台を維持した。部門別では公共部門が2,095億7,500万ドル（構成比30.0％）、民間部門（金融部門を除く）が4,223億9,500万ドル（同60.5％）、金融機関が661億9,100万ドル（同9.5％）であった。直近5年間の同残高の伸びをみると、公共部門が2019年比62.6％増、民間部門が同31.9％増、金融機関が同58.5％増といずれの部門も対外投資が大幅

に拡大した。最大の投資元である民間部門では直接投資残高が年間平均1,000億ドル台でコンスタントに推移したが、2023年の証券投資が対外投資残高の29.4％を占める2,053億ドルに達し高金利の欧米投資に注目した結果とみられる。公共部門も2023年の証券投資は残高全体の29.3％を占める2,047億ドルに拡大するなど民間部門とほぼ同水準であり、海外での投資運用を優先したとみられる。

対外・対内直接投資の推移（フローベース）

〔単位：100万ドル〕

	2018	2019	2020	2021	2022	2023
対外直接投資	6,087	8,690	4,579	10,369	10,246	9,970
前年比伸び率		42.8	△47.3	126.4	△1.2	△2.7
対内直接投資	21,515	17,363	20,969	18,950	23,031	16,422
前年比伸び率		△19.3	20.8	△9.6	21.5	△28.7

〔出所〕国連貿易開発会議（UNCTAD, World Investment Report 2024）

部門別対外・対内投資残高の推移（国際収支ベース）

〔単位：100万ドル〕

	2021	2022	2023	構成比	伸び率
対外投資	694,398	631,776	698,161	100.0	10.5
公共部門	219,835	201,561	209,575	30.0	4.0
証券投資	212,992	194,218	204,694	29.3	5.4
その他投資	6,843	7,343	4,881	0.7	△33.5
民間部門	422,143	373,555	422,395	60.5	13.1
直接投資	96,788	100,197	103,983	14.9	3.8
証券投資	227,139	176,304	205,293	29.4	16.4
その他	98,216	97,054	113,119	16.2	16.6
金融機関	52,420	56,660	66,191	9.5	16.8
直接投資	2,594	1,865	1,983	0.3	6.3
証券投資	26,872	26,242	31,765	4.5	21.0
その他	22,954	28,553	32,443	4.6	13.6
対内投資	539,937	470,818	487,893	100.0	3.6
公共部門	81,645	79,056	68,603	14.1	△13.2
証券投資	72,118	69,689	58,187	11.9	△16.5
その他投資	9,527	9,367	10,416	2.1	11.2
民間部門	438,238	372,365	394,492	80.9	5.9
直接投資	221,501	229,595	242,274	49.7	5.5
証券投資	182,345	111,620	124,756	25.6	11.8
その他	34,392	31,150	27,462	5.6	△11.8
金融機関	20,054	19,397	24,798	5.1	27.8
その他投資	20,054	19,397	24,798	5.1	27.8
純負債	△154,461	△160,958	△210,268	△43.1	30.6
公共部門	△138,190	△122,505	△140,972	△28.9	15.1
民間部門	16,095	△1,190	△27,903	△5.7	2,244.8
金融機関	△32,366	△37,263	△41,393	△8.5	11.1

〔出所〕中央銀行（Statistical information）

■ 貿易・投資動向

《対内投資残高》

　中央銀行統計によれば2023年末の対内直接投資残高は4,878億9,300万ドルで（2024年9月23日公表）、前年比3.6％増と2021年ピーク時残高（約5,400億ドル）から520億ドル分減少した。民間部門が対内投資残高全体の80.9％を占める最大の受け入れ部門で前年比5.9％増の3,944億9,200万ドルと、うち直接投資残高は同5.5％増の2,422億7,400万ドルと対内直接投資残高全体の約半分（49.7％）を占めた。なお、投資残高（ネット）は2023年末で2,102億6,800万ドルのイスラエル側赤字となっている。

（2）最近の投資動向

　国連貿易開発会議（UNCTAD）統計によると（World Investment Report 2024）、2019年の対内直接投資（国際収支ベース、ネット、フロー）は前年比19.3％減の173億6,300万ドル（前年比11.0％減）へと減少したが、新型コロナ禍にもかかわらず2020年は同20.8％増と209億6,900万ドルまで上向いており、スタートアップ向けを中心に対内直接投資が活発に行われていたことが窺える。2021年は約190億ドル近くまで落ち込んだが、2022年には230億3,100万ドルと直近6年間でピークに達した。中東紛争により経済活動が影響を受けたとみられ、2023年は前年比28.7％減の約164億ドルまで落ち込んだ。

　対内投資案件としては、米国の投資管理会社アドベント・インターナショナル（Advent International）がサイバーセキュリティ企業フォアスカウト・テクノロジーズ（Forescout Technologies）を16億ドルで買収し、2020年最大の案件となった。同年10月には米国のシスコ（Cisco）がサイバーセキュリティ企業ポートシフト（Portshift）を買収した（同1億ドル相当）。2021年2月には米国のサイバーセキュリティ企業パロ・アルト・ネットワークス（Palo Alto Networks）による同業ブリッジクルー（Bridgecrew）の買収（1億5,600万ドル）、さらに同月米国半導体メーカーのインテル（Intel）による半導体製造受託会社タワーセミコンダクター（Tower Semiconductor）の買収（54億ドル）発表など、IT分野中心の大型M&A案件が続いた。

　一方対外直接投資は、2019年に前年比42.8％増の86億9,000万ドルへと大幅に増加したが、2020年は新型コロナ禍の影響を受けたとみられ同47.3％減の45億7,900万ドルへと落ち込んだが、翌2021年には103億6,900万ドル、2022年には102億4,600

万ドルと 2 年連続 100 億ドル台を維持した。2023 年は 99 億 7,000 万ドルへと若干減少した。

《2022 年の概況》

国連貿易開発会議（UNCTAD）統計によると（World Investment Report 2024）、イスラエルにおける 2022 年の対内直接投資は前年比 21.5％増の 230 億 3,100 万ドル（国際収支ベース、ネット、フロー）で、前年に続きスタートアップ向けを中心に対内投資が積極的に行われた。一方、対外直接投資は同 1.2％減の 102 億 4,600 万ドルと、対内直接投資は対外直接投資の約 2.2 倍強であった。

2022 年のイスラエル企業への主な投資案件としては、2 月に米国の半導体最大手インテルがイスラエルの半導体メーカーのタワーセミコンダクターを 54 億ドルで買収すると発表。インテル社はその後 4 月に、クラウド最適化のソフトウエアのグラニュレート・クラウド・ソリューションズの買収も発表した。7 月には、米ユニティ・ソフトウェアが、モバイルアプリの収益化ツールや広告サービスを提供するアイアンソースを約 40 億ドルで買収すると発表した。10 月には玩具大手レゴの資産運用会社キアクビが教育動画ブレインポップを約 8 億 7,500 万ドルで買収、2023 年 1 月には独ボッシュの産業機器子会社ボッシュ・レックスロスがモーションコントローラや超小型モータドライバを開発するエルモ・モーション・コントロールを約 7 億ドルで買収した。

《2023 年の概況》

イスラエル中央統計局（CBS）によると、2023 年の対内直接投資は 164 億 2,200 万ドル（国際収支ベース、ネット、フロー）で、前年から 28.7％減少した。株式資本（構成比 48.4％）が 47.1％減少したが、収益の再投資（51.2％）は 18.3％増加した。対外直接投資（国際収支ベース、ネット、フロー）は 99 億 6,900 万ドルで、前年から 2.7％減少した。株式資本（19.5％）は 69.4％増加したが、収益の再投資（70.2％）は 2.2％減少した。

イスラエル貿易投資年報によると（ジェトロ、2025 年 1 月 15 日公表）、2023 年のイスラエル企業への主な M&A 案件としては、2 月に米国の特別買収目的会社（SPAC）のマウント・レーニア・アクイジション（Mount Rainier Acquisition）によるサイバーセキュリ

貿易・投資動向

ティ企業HUBサイバーセキュリティ（HUB Cyber Security）の合併が最大だった（12億7,200万ドル）。次いで、インドのガドットグループ（Gadot）によるアダニ・ポーツ・アンド・スペシャル・エコノミック・ゾーン（APSEZ）と共同でのハイファ港の運営権取得が挙げられる（11億8,700万ドル）。米国のサイバーセキュリティ企業のパロアルト・ネットワークス（Palo Alto Networks）は12月にタロン・サイバー・セキュリティ（Talon Cyber Security）を買収し（6億ドル）、米国決済処理企業のシフト4ペイメンツ（Shift4 Payments）は10月にフィンテック・ソリューション企業のクレドラックス（Credorax）を買収（5億7,500万ドル）するなど、ハイテクネットワーク分野で相次いだ。

3　国際収支

（1）経常収支

　イスラエルの経常収支は、財の貿易収支が恒常的に赤字であり、これをサービス収支および第二次所得収支（無償資金協力、寄付、贈与等）の黒字で補填しており、直近10年間で71.6％増加し2023年には約226億ドルまで順調に拡大した。このうち、サービス収支は、同様に約3倍増の389億ドルに達しており観光事業促進などが功を奏したとみられる。財の貿易収支では、輸出は伸び悩む中、輸入がコロナ禍前の2018年（約769億ドル）から拡大傾向となりパンデミック後2022年にピーク（1,060億ドル）へと達したため、2023年までの直近3年間における財収支の赤字幅が200億ドル台で継続した。一方、第一次所得収支は本来、対外金融債権・債務から生じる利子・配当等の受払を含むため、同所得支払が恒常的に受取を超過する要因として、イスラエルの特徴である対内直接投資が対外直接投資を上回り、これに係わる利子・配当等支払が嵩み同所得収支の赤字を継続させたことが挙げられよう。第二次所得収支の黒字幅が第一次所得収支の赤字幅を辛うじて補填している状況は、中東紛争の影響もあり今後の国際収支面で懸念されよう。

《最近の動向》

　2023年の経常収支黒字幅は前年比9.7％増の225億6,200万ドルの増加となった。同年のサービス収支は過去最高を記録した前年（416億800万ドル）から6.5％減の389億1,800万ドルへと依然高水準を記録し、財の貿易収支赤字幅は200億ドル超の水準で直近3年間継続したが、サービス収支が大幅な伸びに寄与した結果、財・サービスの貿易収支黒字幅が2023年に187億ドルに達し直近10年間でみても約4倍に膨れ上がった。

　第二次所得収支は黒字が続いており、2014年に101億5,200万ドルに達し、その後70億ドル強〜90億ドル強の水準で推移したが、2023年には103億6,600万ドルと14年を上回る最高額を記録した。同収支は恒常的に大幅黒字を計上しているが、受取内容は、米国からの公的援助、在外ユダヤ人からの送金、ドイツからの戦後賠償（ホロコース

貿易・投資動向

ト生存者のホームケア）の3つである（イスラエルは現在もドイツから毎年数億ドルの賠償金を受け取っている）。

経常収支の推移

〔単位：100万ドル〕

	2014	2015	2016	2017	2018
経常収支	13,151	16,246	12,828	13,325	11,144
財・サービス収支	4,847	9,465	5,967	6,852	3,189
財収支	△8,249	△3,711	△8,222	△10,344	△16,726
財輸出	63,220	57,076	55,929	58,179	60,171
財輸入	71,469	60,787	64,150	68,523	76,897
サービス収支	13,096	13,176	14,188	17,196	19,915
サービス輸出	36,920	37,486	40,559	46,653	52,171
サービス輸入	23,824	24,310	26,371	29,457	32,257
第一次所得収支	△1,847	△2,559	△2,881	△1,774	△269
第一次所得受取	9,995	11,629	11,455	13,207	15,025
第一次所得支払	11,842	14,188	14,336	14,982	15,294
第二次所得収支	10,152	9,340	9,743	8,248	8,224
うち公共部門	4,431	4,538	4,742	4,093	4,248
	2019	2020	2021	2022	2023
経常収支	13,632	20,029	19,395	20,570	22,562
財・サービス収支	7,368	16,872	17,666	15,502	18,707
財収支	△15,326	△11,426	△21,664	△26,106	△20,211
財輸出	60,360	59,098	69,759	79,899	73,139
財輸入	75,686	70,523	91,423	106,005	93,350
サービス収支	22,693	28,298	39,330	41,608	38,918
サービス輸出	56,598	54,857	74,060	86,614	83,280
サービス輸入	33,905	26,559	34,730	45,006	44,362
第一次所得収支(注1)	△1,946	△3,854	△7,518	△4,604	△6,511
第一次所得受取	14,623	11,668	17,765	19,655	18,787
第一次所得支払	16,568	15,521	25,283	24,259	25,298
第二次所得収支(注2)	8,210	7,010	9,246	9,672	10,366
うち公共部門	4,105	4,020	4,493	5,470	5,959

（注1）対外金融債権・債務から生じる利子・配当金等の収支状況（受取・支払）を示す（直接投資収益、証券投資収益、その他投資収益）（注2）居住者と非居住者との間の対価を伴わない資産の提供に係る収支状況を示す（官民の無償資金協力、寄付、贈与の受払等）

〔出所〕Bank of Israel等各種出所データを中央統計局が調整（Statistical Abstract of Israel 2024-No.75）

(2) 対外債務残高・外貨準備

　2023年末の対外債務残高は前年比6.4％減の1,452億3,900万ドルであった。内訳は政府部門が債務残高全体の47.2％（686億300万ドル）を占め、民間部門が同35.7％（518億3,800万ドル）、金融機関が同17.1％（247億9,800万ドル）となった。同年残高の前年比伸び率は政府部門がマイナス13.2％、民間部門がマイナス8.6％であっが、金融機関は逆に27.8％増加した。民間部門の対外資産残高は直近5年間で1,022億ドルも増加しているため、2023年末の全体の対外資産残高が6,981億6,100万ドルに積み上がっており、純対外債務残高は2,102億6,800万ドルの大幅な黒字を計上した。

　2023年末の外貨準備高は前年同期比5.4％増加し2,046億9,400万ドルと、2021年ピーク時（2,129億9,300万ドル）から若干減となったものの、2024年11月末時点では2,171億ドルへと再び過去の最高記録を更新した。

対外資産・負債残高

〔単位：100万ドル、％〕

	2020	2021	2022	2023	構成比	伸び率
対外資産	595,065	694,398	631,776	698,161	100.0	10.5
政府部門	176,216	219,835	201,561	209,575	30.0	4.0
民間部門	376,473	422,143	373,555	422,395	60.5	13.1
金融部門	42,376	52,420	56,660	66,191	9.5	16.8
対外負債	410,284	539,937	470,818	487,893	100.0	3.6
政府部門	62,407	81,645	79,056	68,603	14.1	△13.2
民間部門	331,268	438,238	372,365	394,492	80.9	5.9
金融部門	16,609	20,054	19,397	24,798	5.1	27.8
純対外債務	△184,781	△154,461	△160,958	△210,268	100.0	30.6
政府部門	△113,809	△138,190	△122,505	△140,972	67.0	15.1
民間部門	△45,205	16,095	△1,190	△27,903	13.3	2,244.8
金融部門	△25,767	△32,366	△37,263	△41,393	19.7	11.1

〔出所〕中央銀行（Israel's International Investment Position by Sector End-of-period balance）

■ 貿易・投資動向

対外債務残高内訳

〔単位：100万ドル、％〕

	2020	2021	2022	2023	構成比	伸び率
政府部門	62,407	81,645	79,057	68,603	47.2	△13.2
外国政府・国際機関	1,527	4,042	3,977	4,027	2.8	1.2
米国政府保証債券	7,998	7,309	6,555	3,992	2.7	△39.1
流通債券（無保証）	47,100	64,810	63,134	54,195	37.3	△14.2
シェケル建て	19,611	38,322	37,781	23,344	16.1	△38.2
国債	5,596	5,327	5,251	6,263	4.3	19.3
その他	185	158	139	127	0.1	△8.9
民間部門	50,915	58,628	56,725	51,838	35.7	△8.6
金融ローン	8,129	7,764	8,605	9,169	6.3	6.6
債券	10,311	13,075	13,171	12,756	8.8	△3.2
シェケル建て	586	706	776	859	0.6	10.7
株式保有者ローン	9,733	11,161	12,404	11,620	8.0	△6.3
サプライヤークレジット	22,741	26,628	22,545	18,293	12.6	△18.9
金融機関	16,609	20,054	19,397	24,798	17.1	27.8
外国銀行預金	4,406	6,468	4,680	6,820	4.7	45.7
非居住者預金	12,203	13,586	14,717	17,978	12.4	22.2
シェケル建て	3,706	4,700	5,025	6,180	4.3	23.0
対外債務残高	129,931	160,327	155,179	145,239	100.0	△6.4

〔出所〕中央銀行（Israel's external debt, Statistical information by subject）

対外・対内投資残高の推移（各期末時点）

〔単位：100万ドル〕

	2019	2020	2021	2022	2023
対外投資	490,809	595,065	694,398	631,776	698,161
直接投資	105,096	100,539	99,382	102,062	105,966
証券投資	297,259	391,113	467,003	396,764	441,752
その他投資	88,454	103,413	128,013	132,950	150,443
準備資産	126,014	173,297	212,992	194,218	204,694
金融デリバティブ	166	1,435	1,714	△3,328	2,974
対内投資	333,299	410,284	539,937	470,818	487,893
直接投資	161,397	182,629	221,501	229,595	242,274
証券投資	118,312	172,867	254,463	181,309	182,943
その他投資	53,590	54,788	63,973	59,914	62,676
金融収支（ネット）	△157,512	△184,781	△154,461	△160,958	△210,268

〔出所〕中央銀行（Statistical information by subject）

業種別対内投資額

〔単位：件、100万ドル〕

	2020	2021	2022
製造業計	52,800	57,858	66,211
食品、飲料、タバコ製品	1,663	1,904	1,577
繊維、衣服、皮革および関連製品、皮革加工	737	1,320	869
木材、コルク、家具、紙製品製造、印刷・記録媒体複製	310	362	394
医薬品	3,754	2,954	2,464
ゴムおよびプラスチック製品	1,974	2,280	2,247
その他の非金属鉱物製品	357	314	237
機械および装置を除く基礎金属、金属加工製品	4,951	4,778	5,332
コンピューター、電子および光学製品、電気機器	32,192	37,393	46,098
他に分類されない機械装置	1,192	1,013	1,071
自動車およびその他の輸送機器	366	433	330
その他の製造業	5,304	5,107	5,592
商業・サービス業計	106,360	134,718	131,942
卸売業、自動車の取引および修理	2,078	2,098	2,193
自動車およびオートバイを除く小売業	738	1,089	1,033
運輸および倉庫	405	421	407
宿泊業	844	1,585	1,300
電気通信業	1,154	1,442	1,439
コンピュータプログラミング、コンサルタント業	39,376	64,842	63,839
情報サービス活動	197	197	212
金融サービス（保険および年金基金を除く）	16,377	17,149	17,526
金融サービス関連（保険および年金基金を含む）	2,598	2,890	3,747
法律および会計	637	638	646
経営コンサルタント	4,334	4,716	4,218
建築エンジニアリング、技術試験・分析	585	683	692
科学研究開発	19,828	21,696	23,913
広告および市場調査	660	713	730
オフィス管理、オフィス支援等	1,479	1,518	1,339
教育	162	285	369
医療	206	256	229
その他のサービス	14,303	12,007	7,607
合計（その他業種を含む）	182,629	221,501	229,595

注：CBSの2023年値検索でno results were found for foreign direct investment by industry2023との結果
〔出所〕中央統計局（CBS）

外貨保有高(各年末)

〔単位:100万ドル〕

	2020	2021	2022	2023	2024年11月末
外貨	171,242	208,320	189,787	200,090	212,684
IMF	2,055	4,673	4,357	4,604	4,416
合計	173,297	212,993	194,144	204,694	217,100

〔出所〕中央銀行

為替レート推移(年・月平均)

〔単位:シェケル〕

	2019.12	2020.12	2021.12	2022.12	2023.12	2024.12
米ドル	3.4754	3.3594	3.132	3.4516	3.6710	3.6013
英ポンド	4.5574	4.4393	4.1723	4.203	4.6457	4.5698
日本100円	3.1847	3.2173	2.749	2.559	2.5475	2.3618
スイスフラン	3.5348	3.6882	3.4016	3.7042	4.2404	4.0560
カナダドル	2.6379	2.5335	2.4479	2.541	2.7331	2.5400
豪ドル	2.3917	2.4436	2.2435	2.3291	2.4552	2.2982
南ア・ランド	0.2409	0.2162	0.1973	0.1997	0.1968	0.1999
ユーロ	3.8621	3.9771	3.5406	3.6544	4.0044	3.7813

〔出所〕中央銀行

経済・貿易政策と制度

1 経済政策

(1) 経済の自由化の推進

　イスラエル経済を今日の高い段階に導く決定的な転換に至った要因として、1985年導入の経済安定化計画（Economic Stabilization Plan：以下ESP）が挙げられる。従来の政策目標は経済成長と雇用の確保を目指す国家主導型開発路線であったのに対して、ESPの理論的基礎はネオリベラリズム（新自由主義）で物価安定を最重点課題とし、財政規律の強化を主眼とするものであった。EPSの政策手段は財政政策から通貨金融政策への転換であり、目指す課題は、労働市場の規制緩和、金融市場の自由化、貿易・資本移動の制限撤廃、外資の受入れなどである。

　政府や公共機関の職員が加盟するイスラエル最大の労働組合ヒスタドルト（労働総同盟）は、これまで幾度となく政府と対立し、ストライキを繰り返してきた。ESP後、イスラエルの労働市場は大きな影響を受けこの結果としてヒスタドルトの地盤沈下を招来する次の状況が生まれた：①インフレ率の急落に伴いヒスタドルトの政労使交渉に対する期待が低下したこと、②1990年以降の集中的な旧ソ連圏からの移民流入と質的にも多様な労働力の参入は労働市場を大きく変動させたこと、③IT関連労働力は労組による交渉で労働条件を決定するより個人レベルでの交渉が多く、それがヒスタドルトの役割を低下させたこと、④年金基金の運用におけるヒスタドルトの役割が停止したこと（2003－2004年に導入された年金制度改革においてヒスタドルトが保管・運営していた年金基金が国有化、その後そのまま民営化され年金基金の大部分は社債や株式市場に向かったため、この政策はヒスタドルトの弱体化と金融資本市場強化の二律相反方向が明確となった）、ホ）金融産業コングロマリットとしてのヒスタドルトは、製造業・建設業にまたがる巨大産業グループと大銀行であるハポアリム銀行を保有経営してきたが、従来見られたインセンティブ（補助金支援、優先的受注など）が基本的になくなったこと、などである。

■ 経済・貿易政策と制度

《経済の自由化》

　労働市場と金融市場の自由化は、イスラエル経済の効率化・グローバル化にとって必要な政策であった。経済自由化プロセスにおいて、金融市場は大きな変動の中心となった。それ以前の政府は資本を経済主体に対して政策上の優先度に応じて直接配分する役割を担っていたが、その政府の役割は著しく減退した。自由化プロセスで顕在化したことは、イ）資金・資本の配分は市場メカニズムあるいは金利機能に依存になったこと、ロ）金利・為替などの規制緩和でありそれに伴う金融市場がグローバル化したこと、ハ）資本市場のグローバル化が進展したこと（注）、などである。

　（注）IPO（株式公開）市場、特に IT 関連企業の IPO 市場は米国のナスダック（National Association of Securities Dealers Automated Quotations）が重要な意義を持つようになった。特に IT 関連企業はイスラエル国内ではなく当初からナスダックでの上場を選好する傾向が強まり、IPO 市場の国際化と差別化が生じた。外資によるイスラエル企業の買収も急速に進展し始め、2010 年代にはイスラエル企業による海外企業の買収・合併が次第に活発化するようになった。

　イスラエル経済省の開発担当高官は最近、ハイテク産業が 2018 年にイスラエル経済の主要な成長源として認識され、2018 年から 2024 年の間の GDP 成長率の約 40% を占めていたと報告した。イスラエルのハイテクセクターは現在、IBM、マイクロソフト、インテル、エヌビディア、HP などの多国籍企業の開発センター約 500 件を含む、約 9,000 社の様々な企業で約 40 万人の労働者を雇用している。ハイテクはイスラエルの輸出の約 53% を占め急速に成長している。ハイテク産業のほとんどがソフトウェアや情報技術に主眼を置いているのは事実であるが、数百の企業で数万人の労働者を雇用する半導体産業は、希望の星とされ、世界の産業全体に及ぼす影響は少なからぬものがあり、イスラエル経済の自由化推進の果実が具体化している。

(2) イスラエルの世界トップクラスの AI 拠点

　Startup Nation Central レポートによれば（非営利団体 Startup Nation Central 発行（注））、イスラエルは人工知能（AI）イノベーションにおける世界的なリーダーとして急速にその地位を確立しつつあり、世界でも有数のスタートアップ企業とスケールアップ企業

の集積地となっている。その卓越した起業家精神の DNA は、多数の AI ドリブン型企業と大手多国籍企業の R&D センターの誘致による量的優位性を提供しているのは、応用 AI 領域の驚くべき多様性と AI アントレプレナーシップの卓越さである。しかし、この競争の激しい分野でイスラエルのリーダーシップを維持することは、大きな課題である。それには、有能な人材と豊富なリソースの継続的な流入だけでなく、学術研究とビジネス研究における卓越性を維持することも必要とされる。

（注）Startup Nation Central　https://startupnationcentral.org/

　イスラエルは、人口当たりのスタートアップの密度が世界でも最も高い国のひとつとして、長い間認識されてきた。現在、イスラエルのテクノロジー業界では AI スタートアップが 30％ を占め、資金調達ラウンドでは最大 40％ を占め、総投資額の 47％ を確保している。注目度の高い取引を背景に米国の AI 投資が急増しているにもかかわらず、イスラエルの AI スタートアップの活動は米国や欧州の 2〜4 倍であり、同国の AI セクターの比類ない密度の高さを際立たせている。

　2014 年以降、イスラエルの AI スタートアップは著しい成長を見せ、AI 以外のスタートアップが 12％ 増加したのに対し、AI 企業は 170％ 以上増加した。イスラエル国内で 2,000 社以上の AI ドリブン企業と 400 以上の大手多国籍企業の R&D センターが活動している。この成長を持続させているのは、資金調達面での大きな優位性である。AI 以外の企業では、設立後 2 年以内に株式投資による資金調達に成功しているのは 50％ 弱であるのに対し、AI 企業では 68％ という驚くべき数字を達成している。この格差は、イスラエルの AI エコシステムに対する投資家の強い信頼、この分野の堅実性、そして投資家にとっての AI ベンチャーの魅力を示している。

　インフラストラクチャー AI は主にグローバルな大手テクノロジー企業が独占しており、数十億ドル規模の投資が必要とされるが、イスラエルは応用 AI によって独自性を発揮している。AI モデルを活用して、新規かつ特定の課題に対処している。応用 AI は、急速に増加する AI への投資から経済的・事業的価値を引き出すために不可欠である。イスラエルのユニークなスタートアップの密度と、業界全体にわたるイノベーションエコシステムの多様性により、ヘルスケア、アグリ・フード、サイバーセキュリティ、ロボット工学など、さまざまな分野でインパクトのある応用が可能となっている。

経済・貿易政策と制度

　12の主要イノベーション分野のうち7分野で、AI企業に割り当てられた資金の60%以上がそれぞれ集まっていることが明らかになっている。AIの幅広い応用分野、イスラエルの起業家の機敏さ、学術研究の才能、そして堅調な資金調達成長が相まって、大手多国籍企業からの関心が高まっている。"Magnificent Seven"と呼ばれる7社のうち6社、すなわちMicrosoft、Google、Amazon、Meta、NVIDIA、Appleは、大規模な研究開発業務や買収を通じて、イスラエルのAIエコシステムを活用している。

　イスラエルのAIセクターは、技術革新の要となり、ヘルステック、ロボット工学、気候テックなど、さまざまな産業分野で大幅な成長を牽引している。同国の学術的な卓越性、起業家の活力、強固なグローバルパートナーシップのユニークな組み合わせは、AI開発におけるリーダーとしての地位を確固たるものとしている。今後、この卓越さを維持するには、主要な課題に対処する必要がある。学術的な人材と研究を拡大し、多国籍企業のAI研究開発業務を誘致し、経済の各分野にAIソリューションを包括的に導入し、AIへの資金調達を一貫して支援することで、イスラエルは現在の優位性を維持するだけでなく、イノベーションと経済成長の新たな機会を切り開くことができる。これらの強みと障害を克服するための積極的な対策とバランスよく組み合わせることで、イスラエルのグローバルなAI大国としての地位はさらに強化され、今後数年にわたって持続的なイノベーションと経済成長が確保されることを期待している。

（出所：「イスラエル経済月報」2024年11月号　在イスラエル日本大使館）

2 財政・金融政策

(1) 財政政策

イスラエル財務省が公表した「2023年の財務諸表（2024年11月21日更新）」は、2023年の経済活動および金融レビュー、政府の活動分野の説明、「鉄の剣」作戦が経済に与えた影響、その結果として政府の主な措置などを報告しており、直近時点の財政政策のかじ取りが伺える。次の通り同報告の概要をみる。

[資産と負債]

連結財務諸表によると、2023年末のイスラエル国の総資産は約2兆490億シェケル（NIS）である。これらの資産には、国有地約1兆1,700億NIS、固定資産と無形資産約5,600億NIS、PPPプロジェクトへの投資約410億NISなどが含まれる。2023年末の政府負債は合計3兆3,490億NISで、保険契約者に対する国家保険協会の負債約1兆400億NIS、従業員の権利に対する負債約7,830億NIS、国内外の融資に対する負債約1兆1,980億NISなどが含まれる。

[財務諸表のトピックス]

2023年の財務諸表には、特に以下のトピックスが含まれている。

イ）イスラエル国防軍の予算年金およびつなぎ年金に関する政府のコミットメント：2023年の予算年金に関するコミットメントは、昨年の7,900億NISに対して7,490億NISで、主な変化は金利の上昇によるものである。追加の章に記載されているイスラエル国防軍のつなぎ年金推定額は、260億NISである。

ロ）国有地：財務諸表には、2022年の1兆1,660億NISに対して1兆1,700億NISの国有地の貸借対照表残高が含まれている。2023年初めて、土地収支の動向が発表された。これは、会計総監とイスラエル土地庁との省庁間共同作業で可能になった。この作業では、土地データが精緻化され、推定値が改善され、サポートコンピュータシステムが更新され、データを適切に会計表示するための適切な方法論が策定された。

ハ）政府の住宅プログラム：住宅支援、インフラの開発と障壁の除去、土地販売、長期賃貸、割引アパートなどの分野における政府の措置を含む、住宅プログラムに関する情報が開示されている。目的は、この分野における政府の措置とその財政的影響を、より

明確かつ適切な方法で国民に伝えることである。2023年の住宅販売は、前年の約6万1,000戸と比較して、約3万5,000戸の住宅が居住目的で販売された。

ニ）インフラ開発：民間部門と連携した交通、水、エネルギー、環境、建設分野のプロジェクトへの政府の投資内容である。インフラプロジェクトは、同開発に数百億NIS規模の活動をもたらす。

ホ）法定法人：国家の財務諸表に統合された法定法人のデータが含まれており、会計総監がこの分野で行った活動、活動分野別の法人の財務データの統合、2023年の財務諸表で発生した傾向と変化に関するデータ、および法人に関する多くの追加情報が含まれている。

ヘ）イスラエル国民基金：財務諸表には、ガスと石油の利益に対する税収入を管理する目的で設立されたイスラエル国民基金のデータが含まれている。2022年6月に業務を開始したイスラエル国民基金の残高は、2023年12月31日時点で約54億NIS、前年の約22億NISと比較して30億NISも増加した。イスラエル国民基金への移管条件が満たされるまで未確定の課税を管理するために設立された暫定基金の残高は、2023年12月31日時点で約17億NISである。

《最近の概況》

IMF統計によれば、イスラエルの対GDP比財政赤字率は、2019年が57.8％だったが、新型コロナ禍に見舞われた2020年69.4％まで急上昇した。2022年には58.8％とパンデミック前の水準まで改善したが、2023年には60.4％と再び60％台に拡大し、ウクライナ紛争、ハマスとの戦闘など内憂外患にさらされた。対GDP比の基礎的財政収支は、2022年にそれまでのマイナス状態からプラス3.6％に転換したが、2023年には再びマイナス2.1％に落ち込んだ。一方、対GDP比の構造的財政収支は、2019年以降の大幅マイナス状態から2022年にマイナス0.5％まで改善したが、2023年にはパンデミック時に次ぐマイナス5.4％まで落ち込んだ。

イスラエル財務省によれば（2025年1月13日公表）、2024年の財政収入は更新収入予算（4,536億2,300万シェケル）を6.9％上回る4,849億7,300万シェケルで、財政支出は更新支出予算（6,518億3,900万シェケル）を4.7％下回る6,211億5,200万シェケルであったが、実際には当初支出予算（5,130億100万シェケル）を21.1％も

上回った。財政支出の約9割（89.0％）を省庁が占め、このうち文民対応の省庁支出予算は全体の61.8％を占める3,839億5,100万シェケルであったが、国防省支出予算は1,688億1,800万シェケルと同省の当初支出予算（833億2,200万シェケル）の2倍に膨らんだ。ハマスとの戦闘など内憂外患への対応が財政支出を膨らませているため、2024年全体の財政収支は1,361億7,800万シェケルの赤字を計上した。

《最近の政府予算》

　イスラエルの国会に相当するクネセトは2024年3月13日、2024年修正予算法案および関連法案を第二読会と第三読会で審議し、法案は可決された。修正予算法案の採決では、賛成62票、反対55票だった。2024年修正予算法案では、2024年の政府支出の上限を5,841億シェケル（約23兆9,481億円、1シェケル＝約41円）とし、2023年5月に承認された当初予算より704億シェケル（14.6％）増加した。2023年10月7日からのイスラエル国防軍（IDF）によるハマスに対する「鉄の剣」作戦により、国防費だけで550億シェケル増加する。また、クネセトは2024年赤字削減・予算支出制限法案も可決した。この法案では、2024年の財政赤字目標がGDP比2.25％（2023年5月承認）から6.6％に引き上げられた。当初予算との赤字目標の差額は約700億シェケルの増額となる。さらに、政府支出の増加を補うために、国民保険料や健康保険料を引き上げる法案や、たばこ税の引き上げも承認された。

　クネセトHPによれば、2024年修正予算案の可決を受け、ベザレル・スモトリッチ財務相は「本日クネセトで承認された修正戦争予算は、戦争に勝利し、軍を支援し、国内戦線を強化し、イスラエル経済を成長させ続けるという明確な目標を掲げた」と説明した。承認された最初の法案は、2024年度追加予算法案である。この法案は、2024年の政府支出限度額を5,841億シェケル（NIS）とすることを提案した。支出限度額で調整後、「鉄の剣」作戦の支出は、2023年5月に承認された予算を約704億NIS（14.55％）上回っており、550億NIS（11.35％）は軍事ニーズの資金調達に、155億NIS（3.2％）は民間ニーズの資金調達に充てられている。

　さらに、2024年国民保険法案（修正第244号および暫定規定）も承認された。2025年の国民保険料および健康保険料の徴収を目的とした平均賃金は、2024年12月31日時点の平均賃金とすることを規定し、2025年に徴収される保険料を増額することを目的と

する。2024年国民健康保険法案（修正第69号および暫定規定）では、2025年から健康保険料を5.165％（現在の5％ではなく）に引き上げることが提案された。平均賃金の60％までの労働者および自営業者所得については、健康保険料は3.235％（現在3.1％）に引き上げられる。

国家予算ファイナンス（各年末、直近時点）　　　　　　　　　　〔単位：100万シェケル〕

	2019	2020	2021	2022	2023	2024
収支（除くNet Credit）	△52,192	△160,325	△112,491	△103,329	△16,885	△14,880
最終収支	△51,556	△159,693	△112,033	△102,801	△16,279	△14,374
ファイナンス	51,556	159,693	112,033	54,176	16,279	14,376
国外借入	4,616	60,844	△5,308	1,922	△13,197	△12,282
国内借入	40,471	120,664	115,732	51,394	23,656	23,057
純資本投入	1,141	489	1,609	860	5,820	3,602
銀行預金残高	△5,328	△22,304	△5,716	20,497	11,528	△34,423

〔出所〕イスラエル財務省

（2）金融政策

　イスラエル中央銀行の直近における政策金利の経緯をみると、2023年11月27日に金融委員会会合を開催し、政策金利を同年7月、9月、10月に続いて4会合連続4.75％に据え置くことを決定した。その後2024年に入ると、イスラエル中央銀行は1月1日に金融委員会会合を開催し、政策金利を0.25ポイント引き下げ、4.5％とすることを決定した。ハマスとの戦闘の経済的影響は広範囲かつ重大で、経済活動全体に影響を及ぼしているとして、金融委員会の討議では、戦闘の経済的影響に焦点が当てられたとしている。新型コロナウイルスの感染拡大が始まった2020年4月以降、初めての利下げとなった。中銀調査部の予測では、2024年第4四半期の金利は3.75〜4％で、市場見通しよりも緩やかな引き下げになるとみている。

　次いで2024年8月28日、金融委員会会合で政策金利を4.5％に据え置くことを決定した。同年5会合連続据え置いた。同委員会は、イスラエルとハマスの衝突開始以来、特にここ数カ月は地政学的不確実性とその経済的影響が増大している旨指摘した。2024年第2四半期（4〜6月）の実質GDP成長率は前期比年率1.2％と鈍化した。7月の消費者物価指数（CPI）は前月比で0.6％上昇し、前年同月比は3.2％上昇と目標範囲の上

限をわずかに上回った。アミール・ヤロン中銀総裁は現地紙「グローブス」のインタビューで、「利下げは2025年後半まで行われない可能性がある」との方向性を示唆した（8月29日付）。

中央銀行は、「インフレターゲット再考（Revisiting the Inflation Target）」のテーマであらためて同ターゲット目標を明確化した（2024年11月6日公表）。これによれば、現在のインフレ目標である1〜3%は、2000年に政府によって定義され、2003年以降変更なく実施されている。実際には、インフレ目標制度は、長期にわたる物価安定という主な目標を達成している。長期インフレ予想（10年）は、実際のインフレ率が目標範囲から大幅に外れているにもかかわらず、1〜3%の範囲内にとどまっている。現在、イスラエルでは目標を定義する上で、範囲の中間値である2%は特別な意味を有しない。2%目標の両側に1%ポイントの幅を設けるという別の定義は、透明性を高め、期待を固定するのに役立つ可能性があるとみており、全体として代替目標の長所と短所を検討した結果、2003年以来実施されている既存のインフレ目標（1〜3%の範囲）を維持することが正当であると結論付けた。

2025年1月6日、金融委員会会合で政策金利を4.5%に据え置くことを決定した。8会合連続の据え置きとなる。2024年11月の消費者物価指数（CPI）は前月比で0.4%低下したが、前年同月比は3.4%上昇と目標範囲（1〜3%）の上限をわずかに上回っている。イスラエル政府が1月から付加価値税を17%から18%に引き上げたことから、継続的な供給制約や需要過剰とともに、2025年前半のインフレ率を押し上げると予想するものの、後半は目標範囲内に落ち着くとみている。

経済・貿易政策と制度

国家予算（予算案・執行状況）

〔単位：100万シェケル、％〕

	2022 決算	2023 当初予算案	2023 決算	2024 当初予算案	構成比	伸び率
歳入総額	655,072	711,215	711,879	736,342	100.0	3.5
経常収入計	445,551	446,257	422,332	473,561	64.3	6.1
所得税	214,307	216,199	207,230	232,734	31.6	7.6
財産税	22	17	16	13	0.0	△23.5
売上税	0	0	2	0	0.0	0.0
改良税	10,843	7,931	5,851	7,231	1.0	△8.8
財産購入税	14,438	9,177	8,619	7,337	1.0	△20.1
金融部門および非営利団体に課せられる付加価値税	15,018	15,947	15,870	16,786	2.3	5.3
雇用者税	57	59	3	62	0.0	5.1
関税 - 一般	2,980	3,074	1,745	3,297	0.4	7.3
燃料税	448	462	444	495	0.1	7.1
物品税（タバコ、飲料、セメント、その他）	18,584	19,221	20,524	20,904	2.8	8.8
付加価値税	129,635	133,507	121,029	143,887	19.5	7.8
製品購入税	23,627	24,374	23,805	26,140	3.5	7.2
ライセンス料 - 車両	5,270	6,184	5,525	6,382	0.9	3.2
ライセンス料 - その他	2,108	1,125	2,247	1,212	0.2	7.7
企業および天然資源からのロイヤルティ	3,006	4,319	3,164	3,231	0.4	△25.2
利子	842	1,915	1,966	1,127	0.2	△41.1
前年度予算の払い戻し	29	0	10	0	0.0	0.0
各種サービス収入	4,043	2,477	3,970	2,453	0.3	△1.0
政府資産の使用料	294	269	312	270	0.0	0.4
資本収入計	105,256	164,489	187,470	180,128	24.5	9.5
政府省庁特定収入計	47,333	59,426	49,295	48,176	6.5	△18.9
企業活動関連収入計	56,931	41,043	52,782	34,476	4.7	△16.0

〔出所〕中央統計局（CBS, General Government Sector）

国家予算（予算案・執行状況）

〔単位：100万シェケル、％〕

	2022 決算	2023 当初予算案	2023 決算	2024 当初予算案	構成比	伸び率
歳出総額	674,266	757,370	706,197	736,342	100.0	△2.8
経常歳出	441,458	528,291	497,731	484,960	65.9	△8.2
大統領府	1,207	1,844	1,417	1,465	0.2	△20.5
一般省庁	353,464	431,486	404,817	386,580	52.5	△10.4
金融	3,370	11,608	8,451	3,935	0.5	△66.1
エネルギー・給水	530	776	639	657	0.1	△15.2
国防	83,446	104,323	100,773	82,945	11.3	△20.5
国家安全保障	21,375	25,434	23,705	23,828	3.2	△6.3
建設	313	437	371	337	0.0	△22.8
医療	53,632	59,452	55,397	55,094	7.5	△7.3
環境保護	774	3,261	1,067	1,291	0.2	△60.4
科学技術、文化、スポーツ	2,603	3,603	3,095	2,808	0.4	△22.0
外交	1,896	2,052	1,876	1,928	0.3	△6.0
教育	86,758	102,132	98,295	100,026	13.6	△2.1
農業・農村開発	2,028	2,709	1,899	2,476	0.3	△8.6
経済・産業	4,165	5,218	4,382	3,499	0.5	△32.9
機密情報	9,536	10,807	10,769	14,359	2.0	32.9
法務	5,315	6,232	5,718	6,064	0.8	△2.7
内務	347	1,441	949	470	0.1	△67.4
アリーヤーと統合	2,617	2,500	2,162	1,753	0.2	△29.9
首相府	2,830	5,252	3,518	3,729	0.5	△29.0
社会サービス、雇用	69,679	79,640	77,754	79,371	10.8	△0.3
宗教サービス	854	920	823	812	0.1	△11.7
交通・道路安全	709	984	769	779	0.1	△20.8
観光	385	2,435	2,246	195	0.0	△92.0
通信	305	272	160	223	0.0	△17.9
選挙および政党への資金提供	884	254	217	238	0.0	△6.5
利子および手数料	42,059	44,675	44,646	44,603	6.1	△0.2
年金および補償	20,598	22,215	22,151	23,842	3.2	7.3
ホロコースト生存者権利局	5,580	5,700	5,591	5,197	0.7	△8.8
建設および住宅助成金	3,029	3,284	3,239	3,442	0.5	4.8
除隊兵士法	2,401	2,570	2,353	2,450	0.3	△4.7
地方自治体	6,921	8,236	7,653	6,776	0.9	△17.7
原子力委員会	146	148	148	148	0.0	0.0
その他	5,073	7,614	5,376	8,030	1.1	5.5
イスラエルの調査	97	174	125	134	0.0	△23.4
備蓄	0	90	0	2,055	0.3	2,183.3
開発予算および債務返済計	175,915	188,036	155,690	216,905	29.5	15.4
企業活動関連歳出計	56,892	41,043	52,776	34,476	4.7	△16.0

〔出所〕中央統計局（CBS, General Government Sector）

経済・貿易政策と制度

政策金利の推移 (interest rate)

〔単位：年率%〕

年	月	金利								
2011年	2月	2.25		7月	2.25	2015年 2月	0.10		10月	2.75
	3月	2.50		11月	2.00	2017年 4月	0.10		11月	3.25
	4月	3.00	2013年	1月	1.75	2018年11月	0.25	2023年	1月	3.75
	6月	3.25		5月	1.25	2020年 4月	0.10		2月	4.25
	10月	3.00		9月	1.00	2022年 4月	0.35		4月	4.5
	12月	2.75	2014年	2月	0.75	5月	0.75		5月	4.75
2012年	2月	2.50		7月	0.50	7月	1.25	2024年	1月	4.5
				8月	0.25	8月	2.00	2025年1月9日〜		4.5

〔出所〕中央銀行

通貨供給量（各年末・月末）

〔単位：100万シェケル〕

	2020	2021	2022	2023	2024	2025.1
現金	97,093	104,650	110,403	119,615	121,010	120,808
普通預金	559,076	668,659	576,520	489,902	509,398	488,492
1年定期預金	472,694	539,162	649,739	704,944	772,740	793,650
外貨預金	253,086	319,031	322,330	312,158	313,733	308,327
ファンド預金	22,615	16,491	50,251	107,333	149,920	153,219
Makam債	64,646	62,570	104,103	160,752	164,063	155,843
2年モノ国債	14,462	3,373	0	3,118	18,971	20,518
郵便預金	4,462	4,852	5,183	5,109	5,109	5,109
ブロードマネー	1,488,135	1,718,788	1,818,528	1,902,930	2,054,944	2,045,966

〔出所〕中央銀行

部門別年間インフレ率の推移（前年伸び率、2022年＝100）

〔単位：%〕

	2020	2021	2022	2023	2024
食品（果物と野菜を除く）	0.04	1.51	5.11	4.44	3.80
果物・野菜	0.58	△0.22	2.10	4.83	10.34
住宅	1.20	1.38	4.65	6.00	3.13
住宅補修	△0.04	1.07	4.17	4.77	2.69
家具・家庭用品	△1.54	3.42	5.27	△2.94	△1.87
衣類・履物	△5.74	△4.87	△4.86	△8.00	△3.42
教育、文化、娯楽	△0.11	2.78	3.09	2.62	2.80
健康	△0.35	0.54	2.58	3.86	2.75
交通・通信	△3.15	2.39	7.31	5.69	2.50
その他	△0.63	0.76	1.92	3.88	5.72
総合	△0.59	1.49	4.39	4.21	3.07

〔出所〕中央銀行

3　貿易政策

　イスラエル経済の大きな分水嶺は1985年の中央銀行改革を軸とする新自由主義的経済体制への転換であった。新自由主義に向けた新潮流はイスラエル経済にも影響を及ぼし各種経済規制の緩和とヒスタドルート（労働総同盟）の影響力後退を伴った。このマクロ政策の枠組み転換を契機に、企業形態とガバナンス、労働力の質と労働市場、資本市場と資本調達、技術水準、海外を含む販売市場などのビジネス環境が総合作用することによって、民間資本の活動と外国資本の参入を促進させ、国際的に進展し始めた貿易・資本のグローバル化への対応にも取り組むこととなった。イスラエルの場合、20世紀末頃から半導体製造のグローバル企業が入り込み、IT/ICT部門および軍事技術が産業分野で目立つようになり、さらにベンチャー企業の勃興が現在につながるハイテク分野のビジネスモデルとして注目された。そのなかでイスラエル経済は先進国型に移行する中、2010年8月にはOECDのメンバー国として受け入れられ、2024年11月時点で、13カ国・3地域（EU、EFTA、南米南部共同市場(メルコスール)）と自由貿易協定（FTA）を締結するなど、経済外交の主要プレーヤー国家との関係を深化させるなど、貿易政策の推進を通じて活発に対外経済戦略を推進している。

通商政策
　1995年1月にWTO協定を国会にて批准し、同年4月WTOに正式に加盟した。WTO協定に則り、積極的に自由貿易を推進している。「政府調達に関する協定（新政府調達協定）」にも参加している。ただし、国防省の調達については例外。WTOの情報技術協定（ITA）への参加により、情報・通信機器の輸入関税を撤廃した。

　FTAの経緯をみると、イスラエルはすでに米国（1985年発効）やEU（1995年に自由貿易に加え、サービス、政府調達、知的所有権、科学技術、文化交流などを含む拡大協定を締結、2006年発効）など貿易額の約70％を占める主要貿易相手国とこれを発効させている。1993年にはEFTA（4ヵ国：スイス、アイスランド、ノルウェー、リヒテンシュタイン）、1997年にカナダ、トルコ、チェコ、スロバキア、1998年にポーランド、ハンガリー、スロベニア、2000年7月にはメキシコ、2001年7月にはルーマニア、2002年1月には

ブルガリアといった東欧諸国とも相次いでFTA発効を実現した。なお中・東欧諸国は、これらの国のEUへの正式加盟に伴い現在はEUとの連合協定に一元化されている。2018年9月にはフィリピンとの総合協力協定を締結した。2020年11月時点で6ヵ国（米国、カナダ、トルコ、メキシコ、コロンビア、パナマ）・3地域（EU、EFTA、南米南部共同市場：メルコスール）と自由貿易協定（FTA）を締結した。また、ウクライナ（2021年1月）、英国（2021年1月）については発効済、韓国については、2022年12月に発効済。

2024年11月時点で、13カ国・3地域（EU、EFTA、南米南部共同市場(メルコスール)）と自由貿易協定（FTA）を締結している。協定締結国等（未発効を含む）を整理すると次のとおり。

[二国間協定]

米国（1985年9月発効済）、ヨルダン（1995年10月発効済）、カナダ（1997年1月発効済）、トルコ（1997年5月発効済）、メキシコ（2000年7月発効済）、パナマ（2020年1月発効済）、コロンビア（2020年8月発効済）、ウクライナ（2021年1月発効済）、英国（2021年1月発効済）、グアテマラ（2024年3月発効済）、韓国（2022年12月発効済）、アラブ首長国連邦（2023年4月発効済）、ベトナム（2023年7月署名済）

[交渉開始]

2010年5月：インドとのFTA締結に向け、両国間による交渉を開始。

2016年9月：中国とのFTA締結に向け、両国間による交渉を開始。

2018年4月：EAEU（ロシア、ベラルーシ、カザフスタン、アルメニア、キルギス）とのFTA締結に向け、両国間による交渉を開始。

2022年9月：バーレーンとのFTA締結に向け、両国間による交渉を開始。

[地域協定]

EFTA：スイス、アイスランド、ノルウェー、リヒテンシュタイン（1993年1月発効済）

EU：（2000年6月発効済）

南米南部共同市場（メルコスール）：ブラジル、パラグアイ、ウルグアイ、アルゼンチン（2010年6月発効）

《対外経済関係の変化》

　イスラエルの対外経済関係は変化してきており、その特徴として、イ）多角化が進んでいること、ロ）米欧優位構造は続いていること、ハ）周辺アラブ地域との貿易関係は未発達でパレスチナ自治地域、エジプト、ヨルダンなどに限定されていること、ニ）中国、インド、ロシアなどのBRICS諸国やトルコのような新興経済圏との間の貿易が活発化したこと、などである。とりわけイスラエルの兵器や軍事に繋がるハイテク関連機器や技術に強い関心が示されている点が特徴的である。この中で、ニ）の特徴をみると、これら4カ国向け輸出は、2019年89億ドル、2021年98億ドル、2022年110億ドルへと拡大し、一方イスラエルの輸入は1997年10億ドル（輸入総額の3.5％を占めた）であったが、2008年87億ドル（同13.4％）、2019年124億ドル（同16.2％）、2022年には220億ドル（同20.4％）へと最高額に達した。2023年の4カ国向け輸出は前年比28.9％減の78億ドルに激減し（輸出総額の12.3％を占めた）、輸入は同17.2％減の182億ドルへと急落した（輸入総額の19.8％を占めた）。4各国の中でロシアがウクライナ紛争の直接当事国となっているため国際制裁の影響を受け、イスラエル自身もハマスとの戦闘が激化するなど、紛争による影響が4カ国の取引急落背景とみられる。

　イスラエルのインド向け輸出は、2019年に20億ドル、2021年に27億ドル、2022年に34億ドル、2023年は22億ドルであった。インドは世界最大の武器輸入国の一つであり、10億ドル以上のイスラエル兵器を毎年輸入する大口顧客として最大の輸入国の一つである。インドが輸入するイスラエル兵器はミサイル、UAVと兵器システムである。2016年11月訪印したイスラエルのリブリン大統領とモディ首相の間で両国が兵器の共同生産に進むことで合意し、単なる貿易関係に限定されていない。イスラエル・ロシア間の兵器・ハイテク分野での協力が新たな段階とする方向性が打ち出されたのは、2017年7月4日のモディ・インド首相のイスラエル訪問がきっかけだった。首脳会談の中でインド・イスラエル両国は、水、農業、宇宙開発、科学技術、軍事協力の分野で一連の協定を締結したが、特にサイバー攻撃に対する協力の合意は重要な意味を持った。インドはIAIと25億ドル規模の商談を成立させたが、1件の商談としてはイスラエル史上最大の規模であった。

　イスラエルのロシア向け輸出は、2019年に7億ドル、2021年に8億ドル、2022年に6.5億ドル、2023年は6億ドルであった。ロシアとイスラエルとの間の兵器関係での協力が目立つようになったのは2009年以降であり、ロシアが特に注目したのはイスラエル

製無人機(ドローン)である。2009年4月、Bird Eye-400, IView Mk150を8基、Searcher Mk.2 UAVsを2基購入した(総額5300万ドルと推定)。2010年には4億ドルでドローンを追加購入した。2012年にロシアは同国軍事利用のため、イスラエル・ドローンのアセンブリー生産を自国で開始した。2015年9月にもロシア軍はイスラエルから3億ドルのドローンを購入した。ロシアとイスラエルは対シリア政策では異なった政策を追求しているが、兵器を巡る貿易・協力関係の密接化は否めない。

イスラエルの中国向け輸出は、2019年に44億ドル、2021年に44億ドル、2022年に46億ドル、2023年は34億ドルであった。イスラエルと中国の間の軍事協力は1980年代に始まっていたと言われる。中国は米国・ソ連(ロシア)から入手できない兵器と技術をイスラエルに求めていた。今までイスラエルは約40億ドルの武器を中国に売却していたという推計もある。米国はイスラエルによる中国へのファルコン(Phalcon)早期警戒システムの売却を停止させている。1999年以降中国軍高官のイスラエルへの公式訪問が行われており、1999年にはイスラエル・ロシア共同生産の軍用機10億ドルの購入を決めた。2012年には中国海軍の艦艇がハイファ港に友好訪問している。イスラエルは台湾との協力関係も中国に配慮しつつ制限している。パレスチナ問題に対する政策は異なるが、兵器とハイテク貿易、軍部の交流などは着実に進展していると見られる。

(出所:中東レビュー Vol.5 イスラエル経済:グローバル化と「起業国家」アジア経済研究所)

経済・貿易政策と制度

4　貿易・為替管理制度

　貿易・為替管理制度、関税制度等の情報は、ジェトロのWebsite中の「ジェトロ海外情報ファイル-各国・地域データ」で閲覧することができ、また、それぞれ関係先のWebsiteへのアクセスも可能。
　アドレスは、https://www.jetro.go.jp/world/middle_east/il/

（1）貿易管理制度

　経済産業省（旧・産業貿易労働省）が貿易政策を担当する。ただし、農業、環境、国防、金融部門など、分野、品目によってはそれぞれの関係省庁も関与する。政府内に設置された「国際経済問題委員会」では、財務省事務次官が委員長となり、経済産業省、外務省、農業省、中央銀行の事務次官が委員になっている。

《輸入品目規制》

　輸入禁止品目は、人々の生命、健康、道徳、セキュリティに関するもので、土砂、海賊版ビデオ・書籍類、武器類など数10種類が規定されている。また、アルコール類。食肉、化学品、ダイヤモンド、医療機器などの品目については、輸入ライセンスの取得が義務付けられている。

　2022年6月以降、輸入コストの削減、競争の導入、輸入品目の拡大などを目的として輸入に関する規制が順次変更される。家電製品等の省エネルギー基準を含む国際標準の導入（2022年6月）、エネルギー（2022年9月）、食品（2023年1月）や化粧品（2023年4月）輸入時の管理変更、並行輸入時の手続き簡略化などが行われた。変更内容は以下の経済産業省ウェブサイトで確認可能（ヘブライ語のみ）。

《輸入地域規制》

　原則として、輸入禁止地域はない。しかし、イスラエルは政治的理由から外交関係を持たない国が多く、貿易相手国に関する制限がある。イラン、イラク、シリア、レバノンとの貿易は、産業貿易労働省令「Trade with the Enemy Ordinance, 1939」に基づいて制限される。また、外交関係があっても、品目（天然ゴム、コンピュータ、ダイヤモンド、宝石類、電化製品等）によっては、輸入ライセンスの取得が必要な国がある。該当国は以下

のとおりであるが、日本からの輸入については政府が特別に規定しているものを除いて、原則として輸入ライセンスの取得は必要ない。

自由な輸入に関する政令により、イスラエルが外交関係を持たない国を除き、各国からの輸入にはライセンスを必要としないが、WTO非加盟国からの輸入には、禁止あるいは制限がかかる。運用の詳細については、逐次経済省による変更が生じる可能性があり、都度の確認が必要。

また、同政令により、外交関係を持たない国のうち一定の条件のもとで輸入が可能な国は次のとおり。

インドネシア、バングラデシュ、ブルネイ、チュニジア、クウェート、マレーシア、マリ、オマーン、サウジアラビア、パキスタン、チャド、カタール、キューバ、イエメン、アフガニスタン、カンボジア

《輸入管理その他》

品目（食品および医薬品）により、必要な所定の手続きがある。管轄は、ともに保健省。

①日本の薬事法に該当する法律および基準

管轄は保健省（Ministry of Health）。

医薬品の輸入に関する窓口（Pharmaceutical Division, Import of Pharmaceuticals and Drugs Department）

提出書類はすべてヘブライ語で作成し、イスラエル側輸入業者が必要手続きを行う。

イスラエルで未承認の新薬を輸入する場合、まず承認を得る必要がある。

管轄：Pharmaceutical Division, Medical Preparations Registration Department

②食品衛生関連

日本の食品衛生法に該当する法律はないが、食品に関する規定（規格）があり、これに準拠する必要がある。管轄は次のとおり。

保健省（Ministry of Health）The National Food Services, Central Office

申請書類はすべてヘブライ語で作成し、イスラエル側輸入業者が必要手続きを行う。

敬虔なユダヤ教徒は、ユダヤ教の食物規定であるコーシャ（コシェル）に沿った食品・飲料しか口にしないため、大手スーパーマーケットなどで販売される食品については、コーシャ認証の取得が必要。しかし、世俗的なユダヤ教徒はコーシャに関してあまり厳格ではないため、非コーシャのスーパーマーケットであれば、コーシャ認証のない食品の販売も可能である。

③アルコール飲料

アルコール飲料の輸入には、通関の際に、原産地証明書と経済産業省が指定する内容物証明書が必要

《輸出品目規制》

輸出禁止品目はない。ただし、一部の食品、生鮮農産品、ダイヤモンドなどの貴金属、古美術など、輸出ライセンスの取得が必要な品目あり。また、軍事技術については、ミサイル関連技術輸出規制（MTCR）に参加しているほか、軍事機密上の理由から規制がある。

2006年8月23日付政令により、軍事用に転換が可能な品目（Dual Purpose）に関しては特別輸出ライセンスの取得が必要。対象品目リストはワッセナー条約に基づき経済産業省が作成し、定期的に更新する。

《輸出地域規制》

イスラエルが敵国（イラン、イラク、シリア、レバノン）としている国との貿易は制限されている。なお、イスラエルは政治的理由からアラブ諸国など外交関係を持たない国が多く、貿易相手国に関する制限をしている（外交関係があってもイスラエルとの貿易には輸入ライセンスの取得が必要な国もある）。

イスラエルと外交関係がなく、原則としてイスラエルからの輸入ができない国は、次のとおり。

インドネシア、イラン、アルジェリア、アフガニスタン、バングラデシュ、ブルネイ、ジブチ、モルディブ、ベネズエラ、クウェート、レバノン、リビア、モーリタニア、マリ、マレーシア、ニジェール、スーダン、ソマリア、シリア、サウジアラビア、オマーン、イラク、パキスタン、北朝鮮、キューバ、コモロ、カタール、チュニジア、イエメン。（前出「輸入地域規制」を参照）

《輸出管理その他》

2005年1月より、ガザおよび西岸内に存在するイスラエルの入植地で生産され、EU向けに輸出されたものは、EUとの連合協定による免税、減税等の対象とならない。このため、イスラエルからEUへの輸出に際しては、国名の横に地名を併記することが義務付けられる。入植地の製造業者あるいは輸出業者が、EU向け輸出で新たに課税された場合、イスラエル政府がその分を補填する。

(2) 関税制度

イスラエルの関税体系は、WTO の最恵国待遇の原則（MFN）に基づく一般税制と、自由貿易協定締結国に対する税制からなる。日本に対しては、MFN による税制が適用されている。従来、従価税（Ad Valorem）と従量税（Specific Duties）、あるいはその混合税が併用されてきたが、2000 年 9 月より多くの品目が従量税から従価税に変更された。

2016 年 8 月、財務相が輸入魚（ボラ、鯉、ティラピア）の関税引き下げ命令に署名して削減予定だったが、2020 年 5 月に財務省、農業省、農業組合、漁業組合が協定書に署名し、鮮魚については関税率を下げないことに合意した。他方、冷凍魚（ボラ、鯉、ティラピア）に対する関税率は、二段階で削減された。

《特恵等特別措置》

物価高騰に関する特別減免税措置あり。2011 年に発生した大規模な物価高騰反対運動を受けて、農産品、加工食品、自動車および関連パーツを除くすべての工業製品・消費財を 2 段階で減免税することが決定された（2011 年 10 月政府決議案 No.3783）。

第 1 段階に当る 2012 年には財務省が指定する消費財が免税となり、第 2 段階では以下のような特別減免税措置を加えている。

① イスラエルが FTA を締結していない国の場合は、関税率は 2013 年 1 月以降 2011 年 10 月 30 日比 10％減、2014 年 1 月以降は同 15％減、さらに 2015 年 1 月 1 日時点で FTA を締結していない国の場合は 2015 年以降、財務大臣がさらなる減税の実施について決定する。

② イスラエルとの FTA を締結している国の場合は、以下のとおり。

(a) 締結国からの輸入品は、2017 年 1 月まで年率 15％（2011 年 10 月 30 日比）のペースで減税され、最終的には免税となる。

(b) 2013 年 1 月より、繊維品（例：下着を除く衣類品）の関税が廃止される。

(c) 2013 年 1 月より、これまで課税の対象となっていなかった工業用品および消費財は課税の対象より外された。

(d) 2014 年より工業用品の関税が 15％減税された。

(e) 2012 年 1 月より個人輸入に対する減税を導入。商業用については、75 ドル未満相当の物品が免税。個人使用向けについては 75 ドル以上 500 ドル未満相当の物品には付加価値税（VAT）が適用された。

《その他の税》

物品購入税、付加価値税等（後述「税制」参照）のほか、国内産業保護として TAMA（CIF 価格にある一定の割合を乗せて価格を上げる独特のシステム）がある。

① 物品購入税（Purchase Tax）：政府が歳入不足を補うために採用してきた税制の1つで、自動車などほとんどの消費財と一部の中間財、原材料に課せられている。ただ 1980 年代末からの経済発展に伴って段階的に減税措置が講じられてきた。

(a) 車両　環境対策の一環から、2009 年 8 月から「グリーン車両税」が導入された。2022 年 1 月時点で、通常の自家用車、商用車の物品購入税は 83％に設定されているが、ハイブリッド車も 83％、プラグインハイブリッド車は 55％、電気自動車は 20％となっている。

(b) 燃料　i. ガソリン：2024 年 1 月時点のガソリン税は、1 リットル当たり 3.4 シェケル。ⅱ. バイオディーゼル燃料：再生油もしくは動物油脂（バイオディーゼル）にかかる燃料税を 2 年間（2015 ～ 2017 年）1,000 リットル当たり 28.68 シェケルに据え置いたが、その後段階的に引き上げ、2024 年 1 月時点では 1,000 リットル当たり 1,620.59 シェケルに設定されている。

(c) タバコ類　2024 年 1 月時点で紙巻きたばこ 1,000 本当たり 850.62 シェケル（最低税額）。

(d) アルコール飲料　2024 年 1 月時点で、ビール（アルコール濃度 3.8％以上）の購入税は、1 リットル当たり 2.61 シェケル。アルコール度 3.8％未満のビールについては免税。ウオッカ、ウイスキー、ジンなどの購入税は、1 リットル当たり 94.69 シェケル。

(e) 奢侈品　2013 年 9 月 1 日より、販売価格が 1 台当たり 30 万シェケル以上の自動車について、既存の購入税（83％）に加え、30 万シェケルを超えた金額（販売価格－ 30 万）に 20％課税されることになった。さらに、オフロード用車両の購入税が 30％から 50％に引き上げられた。また、内容積が 800 リットルを超える冷蔵庫については 550 シェケル、自家用飛行機には 15％、ジェットスキー機材、毛皮、アンティーク家具には 20％、ジャクジーは 19.2％の購入税がそれぞれ追加された。

(f) バイク購入税　スクーターとバイクは、排気量に応じて課税される。125cc 以下は 25％、126 ～ 250cc は 40％、251 ～ 500cc は 50％、501 ～ 800cc は 60％、800cc 超は 70％。

②付加価値税（VAT）：輸入品を含めほとんどすべての製品、サービスに対してVATが課せられる。CIF価格に物品購入税を加算した価格に対して課税される。VATの支払いが免除されているものには、輸出品、国際間の貨物・人の移動（運賃）、外貨で支払われるホテル、レンタカーなど観光サービスの一部、生鮮野菜・果物などがある。2024年1月現在の付加価値税率は17%。

③TAMA（国内産業保護目的の追加関税措置）：国内産業の保護を目的とした「TAMA（追加という意味）」というシステムがある。これは、CIF価格に対して一定の比率をかけて価格を意図的に上昇させるもので、上述の物品購入税と連動している。TAMAの加算率は産業界の意向をベースに最終的に財務省が決定する。例えば、CIF価格が100ドルの輸入品があり、この製品のTAMAが50%、物品購入税が10%とした場合、TAMAが加算された時点で価格は150ドルになり、さらにこの価格に物品購入税の10%が課税される。

（3）為替管理制度

イスラエルの為替相場管理は変動相場制を採用している。中央銀行は、必要に応じて外国為替取引に介入する権利を留保している。

《貿易取引・貿易外取引》

通常ドル決済が多いが特に規制はない。貿易に関する為替管理規制はない。自国保険主義に関する政策の明示はない（経済産業省に確認）。輸出の場合は通常、国営のイスラエル輸出保険会社（ASHRA）に付保を依頼する。

《資本取引》

原則として規制なし。2016年3月、不正な資金の送金を防止するために、年間50万シェケル以上の資金を海外に送金する場合は、報告が義務付けられた。

《その他》

「マネー・ロンダリング防止法」に関わる資金の持込み・持出しに関する報告義務が発生（2002年2月17日以降）。内容は次の通り：・5万シェケル以上の資金（現金、バンク・チェック、トラベラーズ・チェック）を所有する者、・2018年、資金洗浄に対処するため、現金の使用を制限する法律が発効した。現在イスラエル国内で現金で支払える金額は原則として6,000シェケル以下。観光関連企業は、4万シェケル以下の現金を観光客から現金で受け取ることが可能。

5 税制

法人税

　通常の法人税は2018年1月1日以降、24％から23％に引き下げられている。

　イスラエル国籍の個人または非居住者（個人、法人とも）に支払われる配当には、源泉徴収税率25％が課せられる。10％以上の株式を保有する個人は30％になる。イスラエルと租税条約を締結している国は、その条約によって税率が定められている。日本の場合は配当が5％（外資比率25％未満の場合15％）、利子10％、ロイヤルティー10％である。

個人所得税

　雇用主は個人の給与および賃金について所得税を源泉徴収する。納税額については、累進課税で算出して源泉徴収され、さらに納税者の状況（家族構成など）に応じたさまざまな税額控除が受けられる。2005年7月に承認された多年度税制改革計画により7段階の所得階層に分けられ、税率は最低所得層の10％から最高所得層の50％までとなっている。2007年11月に承認された財務省令により、21歳以上で子供がいる、あるいは55歳以上で子供のいない被雇用者に対し、マイナス所得税（Negative Income Tax）が適用される。

　なお、産業分野で、シフト制度のある職場に従事する被雇用者について、セカンドおよびサードシフトに勤務する場合、15％相当の税額控除が与えられる。税額控除額の上限は年間1万2,120シェケルであり、同控除対象となる最大収入額は13万8,480シェケルに該当する。この措置は2024年末まで延長された。

物品購入税（Purchase Tax）

　4.貿易・為替管理制度（2）関税制度①物品購入税を参照。

付加価値税（VAT）

　付加価値税（VAT）は、輸入品を含め、ほとんどすべての製品、サービスに対して課せられる。CIF価格に物品購入税を加算した価格に対して、課税される。VATの支払いが

| 経済・貿易政策と制度

免除されているものには、輸出品、国際間の貨物・人の移動（運賃）、外貨で支払われるホテル、レンタカーなど観光サービスの一部、生鮮野菜・果物などがある。2022年7月時点の付加価値税率は17％。

キャピタル・ゲイン税

　キャピタル・ゲインは、資産の売却収益からその資産の原価費用を差し引いた金額である。「The Land Appreciation Tax（地価上昇税法）」「Income Tax Ordinance（所得税法）」の2法がキャピタル・ゲイン課税に関する準拠法で、地価上昇税法は不動産売却から得られるキャピタル・ゲイン課税に関する法律であり、所得税法はその他すべてのキャピタル・ゲイン課税に関する法律である。

　税法上、キャピタル・ゲインは次のように分けられる。
①物価上昇によるゲイン：消費者物価指数（CPI）に関連して得られる売却益
②実質ゲイン：キャピタル・ゲインの総額と物価上昇によるゲインの差額

　　物価上昇によるゲインは1994年1月以降、非課税となっている。実質ゲインは個人および法人の通常所得税率で課税されていたが、2002年の税制改正により2003年以降、実質ゲインに対する個人の税率は最高25％に、法人の税率は原則25％に引下げられた。

《証券取引等に伴うキャピタル・ゲイン税》

　2005年7月に承認された多年度税制改革計画により、外国人の証券取引による収益への課税は免除されることになった。また居住者に関しては、銀行等からの金利収益あるいは証券取引等からの収益に関して制度が統一化され、個人に対して最高税率が25％、企業に対しては一般法人税と同率の23％で課税されることになった。

国民保険（社会保険）

　雇用者と被雇用者の双方が、法律により国民保険料を支払わなければならない。被雇用者の負担の中には、健康保険料も強制的に含まれる。1ヵ月の所得に応じて料率が決まっているが、被雇用者の料率は家族構成などさまざまな条件によって定められるため、人によって異なる。これらは公認会計士によって計算される。

6 外資政策

　外資政策に関する情報は、ジェトロの Website 中の「ジェトロ海外情報ファイル - 各国・地域データ」で閲覧することができ、また、それぞれの関係先の Website へのアクセスも可能。アドレスは、https://www.jetro.go.jp/world/middle_east/il/

(1) 外資に対する規制

　イスラエルは、積極的に外国投資誘致を図っており、基本的に、海外投資家がイスラエルで事業を行うにあたっての規制はないと考えてよい。特に、製造業に関しては自由である。資金の移動、買収・合併についても規制はない。

　ただし、軍需産業の一部は、国家安全保障の観点から外国からの投資を認めていない。また、銀行業、保険業など金融業は事前に政府の許可が必要である。

《在留許可》

　労働許可証は、イスラエル入国前に取得されていなければならない。滞在日数により、労働許可証取得にかかる必要書類は異なる。査証の申請はイスラエル大使館を通じて行う。必要書類、手続きについて最新情報を領事部に紹介することが勧められる。入国（ベングリオン空港のみ可能）した後に労働省より労働許可の推薦書を入手、内務省に労働ビザ（B1ビザ）を申請。ビザの有効期間は通常1年で更新が必要、日本国籍の場合は通算5年（63ヵ月）以上の滞在は不可。

《外国人ハイテク専門家ビザ》

　イスラエル政府は、ハイテク産業の人材不足に対応するため、外国人ハイテク専門家ビザプログラムを導入している。同ビザは1年間の就労が可能で、1年ごとに通算最大5年まで延長が可能。イスラエルへの観光ビザ免除国の国民が対象で、給与がイスラエルの平均給与の2倍以上、受入企業はイスラエル投資庁から承認を受けたハイテク企業でなければならないなどの条件がある。

（2）投資奨励業種および優遇措置

1959年に制定された「投資奨励法（The Encouragement of Capital Investment Law）」に基づき、政府は認可を与えた投資案件に対し投資補助金、諸税の減免などの投資優遇措置を提供し、国内投資の促進および外資導入を図っている。

政府は現在、特にイスラエル中央部（都市部）から離れた地域の開発を進めるため、イスラエル南部のネゲブ地域、北部のガリラヤ地域、エルサレムなどの投資優遇地域を設け、同地域への投資促進を図っている。

（3）技術・工業および知的財産権供与に関わる制度

◎特許：特許は、「Patent Law of 1967」にて保護されている。保護の対象など、特許に関する考え方はほぼ日本と同様と考えてよい。保護期間は出願日から20年。医薬品については5年を限度として延長可能。イスラエルは、パリ条約に加盟しており、1996年6月には「PCT（Patent Cooperation Treaty）」にも参加。国際的な特許の流通に積極的である。

管轄は法務省傘下の「Patent Office（特許庁）」である。特許の出願状況は、毎月発行される「Patents and Designs Journal」に掲載され、第三者は発行日から3ヵ月以内であれば審査請求ができる。

特許庁（Patent Office）
住所：Agudat Hasport Hapoel 1, Jerusalem, Eshel Bldg（number5）9695801
電話：+972-73-3927100　Fax：+972-2-6467018
　　　E-mail：Patent@justice.gov.il

（4）外国企業の会社設立・清算

外国企業がイスラエルにて会社を設立するためには、法務省登記局（Registrar of Companies）への登記が必要である。書類は通常、ヘブライ語での記入が求められる。登記に必要な手続きは次のとおり。

①会社の名前、設立の目的、活動、出資者の信用書など。
②会社の定款、出資比率、資産、配当、取締役（登記時に最低1名を選出している必要あり）、監査など詳細にわたる情報を記入。

これらの書類を審査後に法人登録証明書が発行され、会社に通知される。会社設立にあたり、弁護士による、法的手続きがすべて完了した旨の宣誓書や、登記局による変更などが生じた場合等の手続きを弁護士に委任するための「Power of Attorney」を弁護士に手交することも必要になる。

登記局（Registrar of Companies）
住所：39 Yirmiyahu st, Migdalei Ha-Bira, Jerusalem
電話：+972-73-3925555（法務省代表）
　　　E-mail：Moked-tagid@justice.gov.il

1 二国間関係

　イスラエルと日本との外交関係樹立は1952年である。国交樹立から1980年代までの交流は文化、学術分野が中心で、経済交流は低調であった。その主な理由としては、日本政府および大手企業はアラブ産油諸国への石油・エネルギー依存度が高いことや、アラブ諸国での大規模プラントに係る商談を抱えるなか、アラブ・ボイコットの犠牲となることを警戒したことによる。イスラエルと日本の経済関係は、1990年以降の中東プロセスの進展と、イスラエルのハイテク産業の成長に伴って発展してきた。

　1990年代に入り、中東和平プロセスが進展し始めると閣僚級の相互訪問が活発化し、1993年12月には二国間租税条約が発効、1995年8月には科学技術協力協定、2000年1月には航空協定が発効し、経済関係が進展する基盤も整備されてきた。航空協定の締結はイスラエル側の悲願でもあり直行便開設の交渉を続けた結果、2015年9月に日本イスラエル航空当局間協議でイスラエル～成田間の航空便就航枠設定が合意され、10月には全日本空輸（ANA）がテルアビブ行きの共同運航便を開設した。1997年10月にはジェトロ（日本貿易振興機構）テルアビブ事務所が開設され、民間レベルでのビジネス促進を支援している。

　2000年代に入ると、2006年7月に日本の首相としては1995年9月の村山富市総理大臣以来、11年ぶりとなる小泉首相がイスラエルを訪問（パレスチナ自治区およびヨルダンも併せ訪問）。イスラエルではオルメルト首相、カツァヴ大統領と、パレスチナ自治区ではアッバス自治政府大統領などと、相次いで会談した。2015年1月には安倍晋三内閣総理大臣がエジプト、ヨルダン、イスラエル、パレスチナを訪問した。イスラエルで同年1月18日、19日ネタニヤフ首相との会談後共同プレスリリースを発出、同行した経済ミッションとネタニヤフ首相との会合では冒頭に、安倍総理がネタニヤフ首相来日（2014年5月）を契機に二国間関係が包括的に格上げされていることを指摘しつつ、科学技術振興機構とイスラエル科学技術宇宙省がICT分野の協力を念頭に覚書を交わした。さらに2018年5

月、安倍晋三内閣総理大臣はイスラエルを再度訪問し、その後閣僚レベルでは茂木敏充外務大臣（2021年8月）並びに上川陽子外務大臣（2023年11月）もイスラエルを訪問した。

両国関係では、第二次世界大戦中に多くのユダヤ系避難民に対して「命のビザ」と呼ばれる査証を発行した杉原千畝氏とゆかりのある福井県との交流がある。現在でも「スギハラ・サバイバー」、そしてその多くの子孫との交流の機会を設け、イスラエルには杉原氏の功績を顕彰して名前を冠した通りや広場が複数存在し、次世代の人々にも語り継がれている。

外務省の海外在留邦人数調査統計によればイスラエルの在留邦人は、東エルサレムを除き、2023年10月時点で1,270名（長期滞在者：517名、永住者：753名）。出入国在留管理庁の在留外国人統計によれば、在日イスラエル人数は2023年12月時点で720名。

《要人往来》
◎日本からイスラエルへ

2010年	5月	長島昭久防衛大臣政務官
	8月	武正公一外務副大臣
2011年	6月	伴野豊外務副大臣
2012年	1月	山根隆治外務副大臣
	4月	神風英男防衛大臣政務官
	5月	玄葉光一郎外務大臣
	9月	松原仁国家公安委員長
	11月	大野元裕防衛大臣政務官
2013年	7月	岸田文雄外務大臣
2014年	7月	茂木敏充経済産業大臣、新藤義孝総務大臣
	10月	薗浦健太郎外務大臣政務官
2015年	1月	安倍晋三内閣総理大臣、中山泰秀外務副大臣
	6月	中山泰秀外務副大臣
2016年	9月	薗浦健太郎外務副大臣、中谷元総理特使(故ペレス前大統領国葬参列)
2017年	4月	丸川珠代国務大臣(東京オリンピック競技大会、東京パラリンピック競技大会担当)
2017年	5月	世耕弘成経済産業大臣、鶴保庸介国務大臣(情報通信技術(IT)担当)
	12月	河野太郎外務大臣
2018年	5月	安倍晋三内閣総理大臣

対日関係

2019年	1月	櫻田義孝国務大臣(東京オリンピック競技大会、東京パラリンピック競技大会担当)、世耕弘成経済産業大臣
	5月	片山さつき内閣府特命担当大臣(地方創生担当)
	8月	若宮健嗣衆議院外務委員長他同委員会一行
	12月	鈴木馨祐外務副大臣
2021年	8月	茂木敏充外務大臣
2023年	2月	髙木啓外務大臣政務官
2023年	8月	山田賢司外務副大臣
2023年	11月	上川陽子外務大臣
2024年	2月	辻清人外務副大臣

◎イスラエルから日本へ

2010年	4月	メリドール副首相兼諜報相
	5月	リーベルマン副首相兼外相
2011年	10月	ヴィルナイ民間防衛相
2012年	2月	バラク副首相兼国防相
	10月	フィッシャー・イスラエル中央銀行総裁
2013年	10月	シャミール農業・農村開発相
2014年	2月	アハロノヴィッツ公安相
	5月	ネタニヤフ首相
	10月	ペリー科学技術宇宙相
	11月	ピロン教育相
2015年	8月	ホトヴェリ外務副大臣
2017年	1月	カハロン財務相、オレン首相府担当副大臣
2017年	3月	アクニス科学技術宇宙相、レゲヴ文化・スポーツ相
	10月	カッツ運輸・道路安全相兼諜報相
2018年	3月	ハネグビ地域協力相
	5月	ガラント建設・住宅相
2019年	5月	マンデルブリット検事総長
2021年	7月	トロッペル文化・スポーツ相
2022年	8月	ガンツ副首相兼国防相
	9月	ラズヴォゾフ観光相

〔出所〕日本外務省

2　貿易関係

　イスラエル側貿易統計によると（中央統計局、2024年8月4日公表）、日本とイスラエル間の貿易で、2023年の日本向け輸出は前年比4.3％増の9億4,500万ドルで全体の1.5％を占め、日本からの輸入は同26.5％減の10億3,000万ドルと同1.1％を占めた。イスラエルの対日貿易は、輸出が2021年に9億8,900万ドルと直近5年間でピークに達しその後2022年に9億600万ドルへと微減したが、2023年に再び9億4,500万ドルに持ち直した。一方、輸入も2021年に14億5,100万ドルとピークに達しその後2022年に14億100万ドルに微減したが、2023年には中東紛争の影響もあり前年比26.5％減の10億3,000万ドルに落ち込んだ。

　日本側統計によると（財務省貿易統計）、2023年の対イスラエル輸出は前年比6.3％減の1,824億300万円と直近5年間で大きな変動はなく、イスラエルからの輸入は同25.5％増の2,114億7,700万円と大幅に拡大した。日本からの主要輸出品は自動車が太宗を占めており、2023年は同品目が全体の57.3％を占め1,045億7,810万円と直近5年間で初めて千億円台に達した、主要輸入品は半導体が全体の19.2％（約405億円）を占め、さらに科学・光学機器も同15.6％（約330億円）を占めた。約20年超前はダイヤモンドの輸入が約3割に達したが、最近はその比率が低下し、通信機器、ソフトウェア、光学機器・医療機器などハイテク製品に構造転換した。

最近の動向
《2022年の概況》

　日本の財務省貿易統計によると、2022年の日本からイスラエルへの輸出は前年比3.3％増の1,945億6,800万円、輸入は同18.5％増の1,685億5,590万円だった。2022年の輸出額は直近年で最高額に達した。日本との貿易収支は、2019年に黒字幅が約490億円と最高額に達したが、2022年には約260億円と4年間の黒字幅が400億円台と200億円台の上下変動を繰り返した。

　日本からの主要輸出品目をみると、自動車が前年比32.6％増の942億7,560万円に達し全体の48.5％を占める最大品目である。次いで全体の12.9％を占める一般機械のうち、

半導体等製造装置は同6.2%を占めたが前年比68.0%減の120億9,460万円へと大幅に落ち込んだ。一方、同8.7%を占める化学製品は前年比25.6%増の168億8,490万円へと大幅に増加した。

主要輸入品目をみると、輸入全体の34.4%を占める電気機器が前年比33.1%増の580億4,440万円へと拡大し、このうち同12.6%を占める半導体等電子部品が同78.5%増の212億4,030万円に達し電気機器の輸入額を大きく押し上げた。次いで、全体の17.8%を占める化学製品が同28.9%増の300億1,240万円、さらに同15.1%を占める科学・光学機器が同63.1%増の254億9,510万円と、いずれも輸入全体の拡大につながった。

《2023年の概況》

日本の財務省貿易統計によると、2023年の日本からイスラエル向け輸出は前年比6.3%減の1,824億290万円、輸入が同25.5%増の2,114億7,660万円に拡大し、輸出額が輸入額を下回った結果、貿易収支の赤字幅は290億7,400万円となった。

日本の主要輸出品目をみると、自動車が前年比10.9%増の1,045億7,810万円に達し全体の57.3%を占めた。次いで全体の9.0%を占める一般機械は同34.9%減の163

日本の対イスラエル貿易推移（通関ベース）

〔単位：100万円〕

	2019	2020	2021	2022	2023	2024
輸出	181,632	161,554	188,437	194,568	182,403	215,258
前年比伸び率(%)		△11.1	16.6	3.3	△6.3	18.0
輸入	132,658	131,745	142,218	168,556	211,477	218,130
前年比伸び率(%)		△0.7	7.9	18.5	25.5	3.1
収支	48,974	29,809	46,219	26,012	△29,074	△2,873

〔出所〕日本財務省貿易統計

日本の対イスラエル貿易推移（通関ベース、ドル建て）

〔単位：100万ドル〕

	2019	2020	2021	2022	2023	2024
輸出	1,667	1,512	1,727	1,485	1,315	1,419
輸入	1,217	1,231	1,298	1,283	1,500	1,443
収支	449	281	428	202	△184	△25

〔出所〕ジェトロ（ドル建て貿易概況、財務省「貿易統計」から作成）

億 2,700 万円へと激減した。このうち、半導体等製造装置は同 2.1％を占めたが前年比 67.9％減の 38 億 7,660 万円へと前年に続き大幅な落ち込みとなった。一方、同 6.8％を占める化学製品も同 27.1％減の 123 億 1,380 万円と、自動車を除く主要輸出品目の減少が目立った。

主要輸入品目をみると、輸入全体の 41.0％を占める電気機器が前年比 49.2％増の 866 億 90 万円へと大幅拡大し、このうち同 19.2％を占める半導体等電子部品が同 90.8％増の 405 億 1,620 万円に達し、前年に引き続き電気機器の輸入額を大きく押し上げた。次いで、同 15.6％を占める科学・光学機器が同 29.3％増の 329 億 6,190 万円、同 13.3％を占める化学製品が同 6.3％減の 281 億 1,320 万円と、主要品目で明暗があった。

《2024 年の概況》

日本の財務省貿易統計によると、2024 年の日本からイスラエル向け輸出は前年比 18.0％増の 2,152 億 5,800 万円、一方輸入は同 3.1％増の 2,181 億 3,000 万円に拡大し、輸出額が前年比二桁拡大し輸入額が同一桁台増となったため、貿易収支の赤字幅は 28 億 7,300 万円へと前年から 262 億円分大幅に改善した。

主要輸出品目をみると、輸送用機器は全体の 60.2％を占め最大品目であり前年比 21.7％増の 1,296 億 5,990 万円に達し、このうち全体の 58.2％を占める乗用車が同 25.8％増の 1,253 億 7,730 万円へと大幅に拡大した。次いで、全体の 9.8％を占める一般機械は同 29.2％増の 210 億 8,740 万円と二桁増で、このうち半導体等製造装置（59.3 億円、前年比 93.5％増）、金属加工機械（51.8 億円、同 53.0％増）などが著しく増加した。

主要輸入品目をみると、電気機器は全体の 44.6％を占め最大品目であり前年比 12.4％増の 973 億 1,090 万円に増加し、このうち IC を含む半導体等電子部品（540.3 億円、前年比 33.3％増）、通信機（120.6 億円、同 3.4％減）にそれぞれ増減があった。全体の 13.0％を占める一般機械は同 21.4％増の 283 億 4,290 万円で、うち原動機（146.5 億円、前年比 57.7％増）が一般機械増加の牽引役であった。

対日関係

日本の対イスラエル主要輸出品

〔単位：100万円、％〕

	2021	2022	2023	2024	構成比	伸び率
原材料	421.2	624.6	563.1	681.3	0.3	21.0
化学製品	13,438.6	16,884.9	12,313.8	18,136.5	8.4	47.3
有機化合物	1,171.0	1,462.7	794.5	966.4	0.4	21.6
プラスチック	3,536.3	4,403.3	2,631.3	5,152.9	2.4	95.8
原料別製品	5,885.6	5,914.1	6,052.1	5,525.3	2.6	△8.7
ゴム製品	1,503.2	1,364.7	1,230.8	1,380.8	0.6	12.2
紙・紙製品	328.7	449.8	721.5	458.4	0.2	△36.5
非金属鉱物製品	1,270.2	1,737.9	1,341.7	1,846.7	0.9	37.6
鉄鋼	550.1	345.7	801.8	279.6	0.1	△65.1
非鉄金属	1,051.0	679.3	640.5	448.4	0.2	△30.0
金属製品	1,000.3	1,193.1	1,213.3	981.3	0.5	△19.1
一般機械	50,192.1	25,097.5	16,327.0	21,087.4	9.8	29.2
原動機	656.6	241.7	248.4	350.6	0.2	41.1
金属加工機械	2,029.5	1,835.7	2,675.8	5,178.2	2.4	93.5
工作機械	1,780.8	1,705.2	2,412.5	4,854.3	2.3	101.2
印刷機械及び製本機械	404.7	842.7	1,958.9	765.7	0.4	△60.9
建設用・鉱山用機械	1,243.4	1,110.5	963.4	918.1	0.4	△4.7
加熱用・冷却用機器	1,571.4	1,328.7	812.3	1,370.3	0.6	68.7
ポンプ・遠心分離機	1,007.7	1,012.4	631.9	688.8	0.3	9.0
ベアリング・同部分品	720.0	846.4	567.0	613.6	0.3	8.2
半導体等製造装置	37,809.8	12,094.6	3,876.6	5,930.7	2.8	53.0
電気機器	11,138.5	10,771.8	9,523.7	8,973.0	4.2	△5.8
重電機器	912.1	757.1	545.8	522.4	0.2	△4.3
電気回路等の機器	718.5	834.7	538.3	776.9	0.4	44.3
半導体等電子部品	2,083.9	1,919.5	1,836.0	1,547.6	0.7	△15.7
電気計測機器	1,106.4	966.6	1,004.5	780.1	0.4	△22.3
輸送用機器	74,341.1	98,670.1	107,882.5	129,659.9	60.2	20.2
自動車	71,108.1	94,275.6	104,578.1	127,302.0	59.1	21.7
乗用車	65,313.4	89,259.5	99,662.5	125,377.3	58.2	25.8
バス・トラック	5,794.7	5,016.1	4,915.5	1,924.7	0.9	△60.8
自動車部品	872.7	931.1	688.1	826.3	0.4	20.1
二輪自動車類	2,180.5	3,315.3	2,404.7	1,322.7	0.6	△45.0
雑製品・特殊取扱品	32,477.5	12,940.2	12,980.5	9,510.9	4.4	△26.7
科学・光学機器	3,877.1	5,416.5	6,632.7	4,261.8	2.0	△35.7
写真用・映画用材料	4,836.4	5,168.0	4,530.6	3,161.2	1.5	△30.2
合計	188,436.7	194,568	182,402.9	215,257.5	100.0	18.0

〔出所〕日本財務省貿易統計

日本の対イスラエル主要輸入品

〔単位：100万円、%〕

	2021	2022	2023	2024	構成比	伸び率
食料品及び動物	7,797.2	9,836.3	13,373.3	17,971.1	8.2	34.4
果実	6,870.9	8,853.6	12,299.1	17,150.5	7.9	39.4
野菜	450.6	348.8	562.6	425.7	0.2	△24.3
原材料	2,700.0	1,453.2	1,945.5	2,318.8	1.1	19.2
化学製品	23,291.3	30,012.4	28,113.2	22,337.9	10.2	△20.5
有機化合物	4,758.5	5,360.6	4,047.2	4,001.9	1.8	△1.1
医薬品	4,987.6	5,708.6	6,938.7	6,174.9	2.8	△11.0
原料別製品	19,651.9	19,862.6	18,786.9	15,626.8	7.2	△16.8
織物用糸・繊維製品	404.9	509.7	562.5	866.6	0.4	54.1
非金属鉱物製品	8,410.4	9,895.6	10,033.1	5,057.7	2.3	△49.6
鉄鋼	576.7	427.3	285.0	158.6	0.1	△44.3
非鉄金属	156.0	62.6	112.7	117.8	0.1	4.6
金属製品	9,979.8	8,808.1	7,623.7	8,327.9	3.8	9.2
一般機械	17,289.0	18,349.9	23,342.0	28,342.9	13.0	21.4
原動機	3,947.0	4,927.1	9,290.7	14,647.4	6.7	57.7
事務用機器(コンピュータユニット・同部品を含む)	4,416.6	3,081.1	3,849.3	3,857.6	1.8	0.2
印刷機械及び製本機械	1,268.8	1,246.1	1,535.7	1,307.0	0.6	△14.9
半導体等製造装置	727.4	1,745.6	1,137.0	1,059.4	0.5	△6.8
電気機器	43,610.0	58,044.4	86,600.9	97,310.9	44.6	12.4
重電機器	1,367.5	2,242.1	2,750.7	3,165.2	1.5	15.1
音響・映像機器	1,342.0	929.6	1,621.9	1,944.6	0.9	19.9
映像記録・再生機器	875.3	676.6	585.9	773.4	0.4	32.0
通信機	6,279.6	6,156.8	12,487.6	12,061.7	5.5	△3.4
半導体等電子部品	11,898.6	21,240.3	40,516.2	54,027.2	24.8	33.3
IC	11,425.4	20,449.7	39,427.7	53,078.8	24.3	34.6
電気計測機器	5,272.0	8,718.4	5,322.7	5,148.1	2.4	△3.3
輸送用機器	561.4	335.7	700.6	1,904.2	0.9	171.8
航空機類	539.6	296.2	525.5	1,848.5	0.8	251.8
雑製品・特殊取扱品	24,680.7	27,595.6	36,871.5	30,063.0	13.8	△18.5
衣類・同附属品	113.1	117.0	164.0	86.5	0.0	△47.2
科学・光学機器	15,635.8	25,495.1	32,961.9	26,379.8	12.1	△20.0
合計(その他を含む)	142,217.9	168,555.9	211,476.6	218,130.3	100.0	3.1

〔出所〕日本財務省貿易統計

対日関係

3 投資関係

《2022年の概況》

　日本銀行の国別・業種別対外・対内直接投資統計（国際収支ベース、ネット、フロー）によると、2022年の日本の対イスラエル投資額はロシアによるウクライナ侵攻や金融不安などの影響もあり、マイナス232億円と引き揚げ超過となった。前年の66億円に対し、日本企業によるイスラエル企業への投資が減少したため、日本による現地経済活動に少なからぬ影響が懸念される。

　業種別内訳を見ると、非製造業では卸売・小売業で54億円の投資があったが、製造業では電気機械器具で297億円の引き揚げがあった。一方、2022年のイスラエルから日本への対内投資額は3億円にとどまり、前年の21億円から大きく減少した。イスラエルの投資コンサルティング会社ハレル・ハーツ・インベストメント・ハウスによると、2022年の日本からイスラエルへの投資件数は67件、投資金額は15億5,800万ドルとなり、前年に比べ件数で28.0％減、金額で47.3％減となった。

　ジェトロ・世界貿易投資動向シリーズ（「イスラエルの貿易と投資」）によれば、個別案件では、ソフトバンク・ビジョン・ファンド2が主導し、4月に分散型金融取引用のツールを提供するブロックラウト・ラブズ（bloXroute Labs）に7,000万ドル、12月には製薬用人工知能企業のキュリス・テクノロジーズ（Quris Technologies）に900万ドル出資した。丸紅ベンチャーズは4月に生成AIとクリエイティブメディアのD-IDに出資、12月には制御システム向けサイバーセキュリティ事業を展開するサイバージム（CyberGym）に出資した。NTTファイナンスは5月に量子ソフトウェアの開発企業であるクラシック・テクノロジーズ（Classiq Technologies）およびD-IDへの出資を発表した。

　外務省「海外進出日系企業拠点数調査」によると、日系企業の2022年10月1日時点でのイスラエルおよびガザ地区などの企業拠点数は87となり、前年同日時点の85からは2拠点の増加となった。

《2023年の概況》

　日本銀行の国別・業種別対外・対内直接投資統計（国際収支ベース、ネット、フロー）

によると、2023年の日本の対イスラエル投資額はプラス86億円で、前年の引き揚げ超過から脱出した。一方、2023年のイスラエルから日本への直接投資額は6億円となり、前年の3億円から若干上向いた。対イスラエル投資の業種別内訳を見ると、非製造業は前年から58億円増のプラス109億円に大きく上向き、このうち卸売・小売業が50億円、サービス業が45億円と上向きの牽引役となった。製造業は前年引き揚げ超過額の20分の1程度のマイナス23億円まで減少し、このうち化学・医薬品がマイナス25億円、電気機械器具がマイナス8億円。一方、イスラエルから日本への対内投資の業種別内訳をみると、製造業はプラス7億円（日銀への報告件数が3件に満たない）、非製造業はマイナス1億円（同件数が3件に満たない）と、2021年以降下降、低迷している。

2023年における日本企業とイスラエル企業との主な国際ビジネスの開発動向をみると（イスラエル・ビジネス関連本邦企業HP）、次の通りIT等分野が主流だった：

○富士通株式会社は、イスラエルに拠点を置き、クラウドベースのERP/CRMアプリケーションの影響分析ソリューションやテストツールをグローバルに提供しているITサービス企業Panaya Ltd.（本社：イスラエルHod Hasharon、CEO: David Binny、以下Panaya）と、SAP SE（以下、SAP）の次世代ERPソリューション「SAP S/4HANA」への顧客の移行をさらに加速させることを目的とした戦略的パートナーシップを締結した。（富士通株式会社、2023年8月9日公表）。

○産業用通信機器や半導体向け検査装置を開発・製造する東朋テクノロジー株式会社（所在地：愛知県名古屋市、以下 東朋）は、イスラエルで無線給電技術を開発するスタートアップ企業Wi-Charge（ワイチャージ）社とのパートナーシップを発表した。東朋は本パートナーシップに基づき、自社開発製品をはじめとした電子機器を取り扱う部門の商材に、生産現場での無線給電システムの提案を開始する（東朋 2023年9月8日公表）。

○大日本印刷株式会社（本社：東京 以下 :DNP）は、今回新たにIdomoo Ltd.（アイドゥム　本社：イスラエル）と協業、同社提供の「next generation video platform」を導入し、安全・安心な環境でパーソナライズド動画の生成・配信サービスを、2023年10月20日（金）に販売開始する（DNP、2023年10月20日公表）。

外務省「海外進出日系企業拠点数調査」によると、日系企業の2023年10月1日時点でのイスラエルおよびガザ地区などの企業拠点数は90となり、前年同日時点の87から

対日関係

3拠点の増加となり、直近3年間で計5拠点が増加した。

《日・イスラエル経済連携協定に向けた共同研究（注）を立ち上げ》

2023年3月14日、オンラインにて、あり得べき日・イスラエル経済連携協定（EPA）共同研究第1回会合が開催された。引き続き、同年8月2日および同3日、オンラインにて、あり得べき日・イスラエル経済連携協定（EPA）共同研究第2回会合が開催された。今回会合では、2023年3月実施された共同研究第1回会合での協議を踏まえ、あり得べきEPAに含める可能性のある個別分野等について、有意義な意見交換が行われた。日・イスラエル双方は、引き続き共同研究を着実に進めていくことで一致した。

（注）日本とイスラエル両国政府は2022年11月22日、双方の産学官関係者で経済連携協定（EPA）に関する共同研究の立ち上げを発表した。これを受けイスラエルのヤイル・ラピッド首相は、両国間のEPAは「イスラエル市場での日本製品の価格低下や、世界3位の経済大国・日本に向けたイスラエル製品の輸出拡大につながる」とし、締結に向けた第一歩を踏み出すとの声明を公表した。

《富士通、テルアビブに研究開発拠点開設のその後》

富士通は2022年11月28日、イスラエル・テルアビブに新拠点を設立し、2023年4月から活動を開始することを発表した。背景として、経済産業省の「IT人材需給に関する調査」によると2025年には国内で36万人のIT人材の需給ギャップが予想されており、特に専門性の高いSAP技術者の不足が業界全体の課題になっている。そのため、移行コストの上昇や、プロジェクトの遅延によりサポート終了までに移行を完了できない事態が懸念されている。前項でも紹介した通り、当社はPanayaとのパートナーシップを通して、両社の強みを生かし、2027年までにより多くの顧客がスムーズに「SAP S/4HANA」への移行を完了できるよう支援する計画である。

日本の対イスラエル直接投資（フロー）

〔単位：億円〕

	2020	2021	2022	2023	2024年Q1-Q2
製造業	2	△23	△283	△23	△42
食料品	-	x	-	-	-
繊維	-	-	-	-	-
木材・パルプ	-	-	-	-	-
化学・医薬品	△13	18	△2	△25	X
石油	-	-	-	-	-
ゴム・皮革	-	-	X	X	X
ガラス・土石	-	-	-	-	-
鉄・非鉄金属	-	-	-	-	-
一般機械器具	-	-	X	-	-
電気機械器具	15	X	△297	△8	X
輸送機械器具	-	-	-	X	-
精密機械器具	x	X	X	-	X
非製造業	25	89	51	109	2
農林業	x	x	X	X	X
水産業	-	-	-	X	-
鉱業	-	-	-	-	-
建設業	-	-	-	-	-
運輸業	-	-	-	-	-
通信業	17	6	12	12	1
卸・小売業	x	x	54	50	2
金融・保険業	3	x	-	-	-
不動産	-	-	-	-	-
サービス業	x	1	△11	45	-
合計	27	66	△232	86	△39

注：①報告件数が3件に満たない項目は、個別データ保護の観点から「x」と表示している。②該当データが存在しない項目は、「－」で表示している。③「製造業（計）」、「非製造業（計）」は各項目内xに、それぞれ「その他製造業」、「その他非製造業」を加えた合計であり、表上の各業種の合計と必ずしも一致しない。
〔出所〕日本銀行

対日関係

イスラエルの対日直接投資（フロー）

〔単位：億円〕

	2020	2021	2022	2023	2024年Q1-Q2
製造業	-	17	△1	7	-
食料品	-	-	-	-	-
繊維	-	-	-	-	-
木材・パルプ	-	-	-	-	-
化学・医薬品	-	-	-	-	-
石油	-	-	-	-	-
ゴム・皮革	-	-	-	-	-
ガラス・土石	-	-	-	-	-
鉄・非鉄金属	-	-	-	-	-
一般機械器具	-	-	-	-	-
電気機械器具	-	x	4	x	-
輸送機械器具	-	-	-	-	-
精密機械器具	-	-	△5	x	-
非製造業	85	3	4	△1	△3
食料品	-	-	-	-	-
水産業	-	-	-	-	-
鉱業	-	-	-	-	-
建設業	-	-	-	-	-
運輸業	-	-	-	-	-
通信業	-	x	-	x	-
卸・小売業	-	6	△3	-	-
金融・保険業	-	-	x	-	-
不動産	-	-	-	-	-
サービス業	85	x	x	-	△3
合計	85	21	3	6	△3

注：①報告件数が3件に満たない項目は、個別データ保護の観点から「x」と表示している。②該当データが存在しない項目は、「－」で表示している。③「製造業（計）」、「非製造業（計）」は各項目内xに、それぞれ「その他製造業」、「その他非製造業」を加えた合計であり、表上の各業種の合計と必ずしも一致しない。

〔出所〕日本銀行

1 産業構造の概況

　建国当初の主要産業は農業であった。最初は農業用機具の生産と農作物の加工から始まり、次第に皮革製品製造、繊維産業、ダイヤモンド加工など軽工業が発達して経済成長を牽引してきた。伝統的産業を中心とした産業構造が大きく変化したのは1990年代になってからである。幾多にわたる中東戦争を経て、独自の武器製造に必要な機械加工、電子、工程制御ならびに通信関連ソフトウェア開発を通して蓄積された技術を基礎とし、通信機器、半導体、ソフトウェア、医療機器等のハイテク産業が発展し、ハイテク産業中心の産業構造への転換が進んだ。なお、イスラエルのダイヤモンド産業はダイヤモンドカット技術・研磨では世界的評価を得ている。一方、石油、原材料、小麦、自動車、ダイヤモンドの原石、生産財は輸入に依存している。実質GDPに占める主要産業別構成状況をみると（中央統計局）、2023年は金融・保険・不動産・科学技術ビジネス支援分野が全体の18.5％を占め首位、次いで鉱工業分野が同15.0％、3位は情報・通信分野が同11.7％、4位は卸売・小売業/自動車修理業/宿泊・外食分野が同11.6％、5位は住宅サービス分野が同10.5％などの順であった。農林水産業分野はわずか1.3％と、イスラエル経済は金融、IT、サービス産業へと完全に転換している。

　教育および所得指数などの複合統計である「Human Development Index」（国連・人間開発指数）のHDI値は、長く健康的な生活、知識へのアクセス、適切な生活水準という人間開発の3つの基本的側面における平均的な達成度を評価するための尺度である。イスラエルのHDI値は2022年0.915（193カ国中25位）で、この数値は人間開発の非常に高いカテゴリに分類されており、1990年から2022年の間に、同国のHDI値は0.781から0.915へと17.2％上昇した。ちなみに、HDI値の2022年における国際比較をみると、スイス1位（0.967）、オーストラリア10位（0.946）、韓国19位（0.929）、米国20位（0.927）、オーストリア22位（0.926）、日本24位（0.920）、スペイン27位（0.911）、イタリア30位（0.906）、などであった。

■ 産業動向

2 農業・食料品製造業

概 況

　イスラエルの気候は、温暖から亜熱帯までの幅があり、日照に恵まれている。2つの季節があり、11月から5月までは冬の雨季、残り6カ月は夏の乾季である。雨量は北部や中部では比較的多いのに対し、ネゲブ地方（注1）の北部ではずっと少なく、南部では降雨がほとんどないため1年中半砂漠状態が続く。

　　（注1）イスラエル国土の約半分を占めているが、その人口は少なく主に農業や工業経済に支えられている。ネゲブ南部は低い砂岩丘や平地からなる乾燥地帯であり峡谷やワジ（雨期しか水の無い川）が多く、冬の雨で時々急な洪水が発生することがある。

　砂漠地帯の端に位置するため、常に水不足に悩まされている。ネゲブなどで見つかった古代の遺跡を見ると、雨水を溜めて貯え、別の場所に送水するための古代の給水施設が各地で発見されており、数千年前からこの地方の人々は水の獲得・保存に頭を悩ませていたことがわかる。年間に利用できる水資源は17億㎥、そのうちの56％が灌漑用で、残りが飲料水や工業用水である。水源は、ヨルダン川、キネレット湖、その他の小河川である。泉や地下水も利用されているが、水の涸渇や塩水化を防ぐため、給水量は制限されている（出所：駐日イスラエル大使館）。

　イスラエル産業技術で中長期的に優位性を誇ってきたのは、水不足という制約条件のなかでの農業生産引上げという課題追求のなかで生まれてきた節水技術があり、ドリップ灌漑農法として結実した。最少の水供給で最大の収量を挙げようとするものである。さらにキブツ（注2）のなかには農業から農業機械を含む農工コンプレックスへ転化し、さらにその農業機械生産が輸出産業として成長したケースも少なくない。ドリップ農業技術はイスラエルが優位性を誇れる分野となり、農業技術は世界に展開している。日本で灌水メーカーとしてスマート農業の普及を推進中の合弁企業ネタフィムジャパン（注3）は、同社取扱商品として、点滴チューブ、電磁弁、灌水コントローラー、フィルター、大規模ハウス・コントローラー・システム、スプリンクラー、オンライン・ドリッパー、液肥混合装置などがある（出所：「イスラエル経済：グローバル化と「起業国家」」中東レビュー Vol.5 アジア経済研究所）。

(注2) 平等と共同体の原則に基づく独自の社会的経済的枠組みであるキブツは、20世紀初頭のイスラエルの開拓社会の中で生まれ、恒久的な農村の生活様式へと発展した。長年にわたって経済的繁栄をもたらしてきたキブツは、最初は主に農業を行っていたが後には工業やサービス業にも拡大され、イスラエル建国にも多大な貢献をした。社会的制度的発展の先導者としてのキブツの中心的役割は低下したが、キブツが国家の生産量に占める割合は、人口比率でみても相当高くなっている。(駐日イスラエル大使館)。

(注3) https://www.netafim.jp/

《農業生産概況》

　FAO（国連食糧農業機関）統計で農業生産指数（2014-2016年平均＝100）をみると、2022年の農業全体は105.56で、畜産109.45および非食料品106.24が平均を上回った。一方、農作物99.92および穀類は63.78と大きく落ち込んだ。FAOSTATによれば、主な農産物の2023年生産量はジャガイモ（50.5万トン、前年比3.3％増）、トマト（32.5万トン、同10.5％増）、マンダリン（20.2万トン、同20.0％増）、バナナ（19.2万トン、同4.9％増）、アボカド（17.7万トン、同6.7％減）、ニンジン（16万トン、同1.4％減）、グレープフルーツ（15.7万トン、同11.4％減）、小麦（13.6万トン、同4.0％減）、トウガラシ・ピーマン（11.8万トン、同2.2％減）、デーツ（なつめやし、7.6万トン、同12.7％増）などであった。一方、統計庁によれば、生産者の主要農産物出荷合計額は（注4）、2022年が前年比6.4％減の33億6,205万シェケル（NIS）へと大きく落ち込んだが、2023年には同7.5％増の36億1,317万NISへと前年の落ち込みをプラスに転じた。2024年1-6月間の同出荷額は同0.2％増の合計19億6,255万NISだった。順調に進捗した場合、2024年通年の出荷合計額は単純計算で前年比8.6％増の39億2,509万NISに達すると見込まれる。

(注4) 畑作物、メロン、ジャガイモ、トウガラシ・ピーマン等、ニンジン、キュウリ

農業生産指数の推移

〔指数：2014-2016平均＝100〕

	2018	2019	2020	2021	2022
穀類	46.65	57.13	77.35	85.27	63.78
農作物	92.34	96.15	93.42	94.81	99.92
食料品	99.51	100.77	102.3	101.44	105.48
畜産	103.95	103.38	107.57	105.12	109.45
非食料品	103.79	105.73	106.06	105.05	106.24
農業全体	99.21	100.43	101.79	100.91	105.56

〔出所〕FAOSTAT

■ 産業動向

主要農作物の生産量

〔単位：トン、％〕

	2021	2022	2023	伸び率
殻付きアーモンド	10,028	10,803	10,503	△2.8
リンゴ	101,000	104,000	92,000	△11.5
アプリコット	4,500	6,500	4,500	△30.8
アボカド	165,000	189,667	177,001	△6.7
バナナ	173,000	183,000	192,000	4.9
麦芽ビール	169,000	184,400	NA	-
キャベツ	53,380	48,832	53,670	9.9
マスクメロン	33,211	24,530	23,980	△2.2
ニンジン、カブ	188,577	162,610	160,396	△1.4
カリフラワー、ブロッコリー	31,868	26,274	27,130	3.3
青唐辛子、ピーマン	150,921	120,392	117,760	△2.2
綿実	7,969	27,120	NA	-
綿実油	2,100	2,300	NA	-
キュウリ	95,038	81,927	88,863	8.5
ナツメヤシ	55,368	67,000	75,500	12.7
ナス	51,194	39,522	43,447	9.9
イチジク	2,356	2,377	2,380	0.1
ブドウ	60,520	65,030	62,583	△3.8
トウモロコシ	68,291	50,018	51,410	2.8
ニンニク	653	670	424	△36.7
落花生（殻付きを除く）	16,500	16,507	13,721	△16.9
レモン、ライム	74,839	71,361	70,487	△1.2
レタス、チコリ	21,264	17,063	13,428	△21.3
トウモロコシ	68,291	50,018	51,410	2.8
マンゴー、グアバ、マンゴスチン	58,397	62,598	61,040	△2.5
キノコ、トリュフ	14,000	15,000	16,000	6.7
天然蜂蜜	4,000	4,500	3,500	△22.2
オリーブオイル	12,000	14,000	NA	-
オリーブ	70,000	138,000	46,000	△66.7
玉ねぎ、エシャロット	86,271	86,544	84,096	△2.8
オレンジ	46,572	111,893	116,283	3.9
その他の豆類	9,223	7,888	5,168	△34.5
その他の果物	85,750	86,672	85,394	△1.5
その他の野菜	154,962	136,343	127,008	△6.8
桃、ネクタリン	39,120	67,120	58,122	△13.4
梨	24,700	28,000	30,000	7.1
柿	30,000	30,000	22,000	△26.7
プラム	17,000	19,000	16,500	△13.2
グレープフルーツ	128,974	176,638	156,573	△11.4

	2021	2022	2023	伸び率
ジャガイモ	501,153	488,221	504,557	3.3
カボチャ	6,508	5,371	6,354	18.3
種綿（未精製）	13,133	44,635	38,000	△14.9
ソルガム	40,000	39,325	33,472	△14.9
大豆油	46,500	57,300	NA	-
イチゴ	24,336	31,566	23,415	△25.8
ヒマワリ種子	1,600	2,000	1,600	△20.0
ヒマワリ油	6,300	7,800	NA	-
サツマイモ	37,434	30,530	27,699	△9.3
マンダリン	161,412	168,429	202,140	20.0
トマト	364,300	293,935	324,684	10.5
スイカ	119,062	98,953	108,049	9.2
小麦	150,000	141,600	136,000	△4.0
ワイン	2,716	3,111	NA	-
ヨーグルト	1,362	1,373	NA	-

〔出所〕FAOSTAT

主な農産物・食料品輸出

〔単位：1,000 ドル、%〕

	2021	2022	2023	伸び率
調製食料品（その他）	277,454	270,788	336,529	24.3
デーツ（ナツメヤシ）	332,140	330,087	272,748	△17.4
アボカド	58,954	96,358	260,760	170.6
タンジェリン・マンダリン	143,394	128,077	186,028	45.2
ペイストリー類	112,298	115,859	113,945	△1.7
有機食品原材料	183,398	118,077	112,522	△4.7
ポテト	80,431	73,315	88,560	20.8
グレープフルーツ	64,332	63,820	82,530	29.3
チリ・ペッパー	104,340	69,375	80,845	16.5
オレンジ果汁（濃縮含む）	32,083	32,217	65,039	101.9
ワイン	60,028	65,495	53,050	△19.0
人参・カブ	42,600	41,357	51,802	25.3
生鮮野菜（その他）	62,538	48,541	45,417	△6.4
鶏肉調製品	29,802	37,805	45,376	20.0
果汁（その他）	38,359	38,882	41,321	6.3
綿花	53,267	34,081	40,181	17.9
調製ナッツ類	36,835	38,508	32,149	△16.5
植物油（その他）	32,508	25,155	28,059	11.5
調整果実	62,490	42,423	21,286	△49.8
チョコレート	25,374	21,762	18,815	△13.5
マンゴー・マンゴスチン	37,082	36,535	12,421	△66.0

〔出所〕FAOSTAT

産業動向

主な農産物・食料品輸入

〔単位：1,000ドル、％〕

	2021	2022	2023	伸び率
骨なし牛肉（生鮮、冷蔵）	789,500	980,955	671,403	△31.6
小麦	521,503	617,085	480,471	△22.1
他の食品加工品	377,234	425,659	380,128	△10.7
トウモロコシ	357,128	476,554	320,664	△32.7
牛	353,467	331,848	270,260	△18.6
精製砂糖	167,504	199,243	238,404	19.7
タバコ	265,107	249,686	228,863	△8.3
チョコレート製品	201,487	234,264	221,522	△5.4
アルコール飲料	238,688	230,626	184,566	△20.0
ペストリー	170,661	185,387	181,691	△2.0
大豆	175,884	227,807	170,738	△25.1
ペットフード（小売用）	141,120	167,032	157,395	△5.8
非アルコール飲料	137,160	136,351	132,202	△3.0
米（精米相当）	117,629	133,754	121,939	△8.8
精米	116,292	131,353	120,327	△8.4
ゴマ	101,779	109,064	113,959	4.5
コーヒー（カフェイン抜き、焙煎）	116,158	101,912	93,785	△8.0
その他の果物加工品	89,100	104,631	89,764	△14.2
大麦	128,542	109,111	76,433	△29.9
醸造または蒸留のかす	76,656	104,093	56,381	△45.8

〔出所〕FAOSTAT

主要畜産物の生産量（地場家畜を除く）

〔単位：トン、％〕

	2021	2022	2023	伸び率
生乳	1,630,222	1,647,175	1,646,401	△0.0
脱脂乳	160,305	161,668	NA	-
全乳	30,632	30,892	NA	-
牛乳バター	6,663	6,719	NA	-
脱脂牛乳チーズ	30,355	30,613	NA	-
全乳チーズ	118,552	119,561	NA	-
牛の食用内臓（生鮮、冷蔵、冷凍）	24,840	26,322	26,331	0.0
生鮮鶏卵（千個）	2,543,540	2,626,310	2,743,440	4.5
骨付き牛肉（生鮮、冷蔵）	153,085	162,217	162,270	0.0
鶏肉（生鮮、冷蔵）	541,292	553,068	581,312	5.1
骨付き豚肉（生鮮、冷蔵）	13,400	11,429	10,893	△4.7
羊肉（生鮮、冷蔵）	39,374	39,923	38,351	△3.9
七面鳥肉（生鮮、冷蔵）	85,700	87,959	94,227	7.1

〔出所〕FAOSTAT

《農業就業者》

　実質 GDP に占める農林水産業分野の構成比は 2023 年にはわずか 1.3%であるが、依然として地方経済を支える重要な産業で、しかも重要課題の水利不足を高度なハイテク技術を駆使し灌漑農法で解決し柑橘類などの輸出にも貢献している。中央統計局によれば、農林水産業分野の雇用者数は 2023 年第 1 四半期に 4 万 1,000 人であったが、通年の雇用者数は 4 万 1,700 人へ微増した。その後 2024 年第 3 四半期には 4 万 2,600 人へと僅かながらも増加してきた。イスラエル経済で現在進行中の産業構造の転換により、農業従事者の大幅な増加は期待されないであろうが、農業分野へのハイテク技術導入などが生産者の農産物出荷額を一層上向かせ、今後同分野への就業関心者を見出す可能性はあるとみられる。

《畜産業》

　国連食糧農業機関（FAO）によると、2023 年のイスラエルの家畜・家禽等の飼育数は、鶏が 4,850.6 万羽（前年比 3.8%増）、七面鳥が 308.5 万羽（同 10.4%減）、羊が 50 万頭（同 9.1%減）、牛が 58 万頭（同 0.3%減）、豚が 13.3 万頭（同 4.7%減）、山羊が 11.4 万頭（同 21.0%減）などとなっている。豚については、イスラエルの人口の大部分がユダヤ人またはイスラム教徒であり、豚肉は宗教上忌避されているため、国内では北部のクリスチャン・アラブの生産者によって飼育されている。一方、主な畜産物生産量は、2023 年に生乳 164 万 6,401 トン (前年比増減なし)、鶏卵（殻付き）27 億 4,344 万個（同 4.5%増）、骨付き牛肉 16 万 2,270 トン（同増減なし）、鶏肉 58 万 1,312 トン（同 5.1%増）となっている。

家畜・家禽等飼育数　　　　　　　　　　　　　　　　　　　　〔単位：%〕

	単位	2021	2022	2023	伸び率
羊	1,000 頭	520.0	550.0	500.0	△9.1
牛	(〃)	555.2	581.5	580.1	△0.3
豚	(〃)	163.6	139.5	133.0	△4.7
山羊	(〃)	116.0	144.5	114.1	△21.0
ミツバチの巣（箱）	1,000 箱	121.0	123.0	124.0	0.8
鶏	1,000 羽	47,093.0	46,716.0	48,506.0	3.8
ラクダ	1,000 頭	5.6	5.6	5.6	0.2
ロバ	(〃)	5.0	5.0	5.0	0.0
馬	(〃)	4.0	4.0	4.0	0.0
七面鳥	1,000 羽	3,228.0	3,443.0	3,085.0	△10.4

〔出所〕FAOSTAT

産業動向

3　製造業

　イスラエル経済を牽引した歴史的な契機は、20世紀における「冷戦」の終焉および東欧・旧ソ連での体制転換が、イスラエルにとっても経済活動に多面的な影響を及ぼしたことが発端であった。1990年前後に発生した旧ソ連圏から100万人の大量移民のなかには高学歴者が多く、その質の高い労働力はイスラエルのハイテク産業にとってプラス要因となった。その後20世紀末以降急速に国際的注目を集めるようになったのは、ICT（情報通信）関連産業の発展が同国製造業を牽引するまで成長した。また、1960年代には農業関連の除草剤や殺虫剤、殺菌剤の化学製品生産が大規模に開始され、政府は1968年、Israel Chemicals Ltd.（ICL）（注）を設立した（1990年代初めにテルアビブ証券取引所に株式を上場し民営化を開始）。

　　（注）ICLグループ（ICL Group Ltd）（旧名：Israel Chemicals Ltd）は、肥料と特殊化学事業を行うイスラエルのテルアビブを拠点とする企業。工業製品事業では、電子機器・部品や自動車（EVを含む）、建築・建設、家具・繊維向けの難燃剤に用いる臭素や臭素化合物を生成する。カリウム事業では、死海から肥料向けカリウムと塩を採掘して生産するほか、カリ生産副産物のマグネシウムやマグネシウム合金、塩素、シルビナイトなども提供。2020年、企業名称を「Israel Chemicals Ltd.」から「ICL Group Ltd」に変更した（出所：日本経済新聞・電子版2024年12月12日時点）。

　製造業・鉱業の部門別生産指数をみると（2011年＝100、中央統計局）、ウエイトは製造業が88.4（2023年生産指数134.0）、鉱業が11.6（同446.4）である。製造業のうち、最大のウエイトはコンピュータ・電子・光学機器が35.7で、次いで石油製品・化学製品が9.3、食料品が8.1、金属製品（機械設備等を除く）が6.4、プラスチック・ゴム製品が4.8、機械設備が3.3、などの順であった。2023年の生産指数は、コンピュータ・電子・光学機器が前年比0.8％減の174.8と製造業指数を遥かに上回る同分野の牽引役となり、石油製品・化学製品が同10.3％減の103.1、食料品が同0.1％増の124.7などであった。医薬品はウエイトが2.4と小さいながら生産指数が前年比14.0％増の58.6と唯一二桁増となった。

　2023年の主要商品別輸出をみると、一般機械・電気機械・輸送用機器が前年比

1.4%減の209億3,480万ドル（全輸出額の33.0%を占めた）、このうち電気機械・同部品が同3.6%増の89億1,900万ドル（同14.1%を占めた）、通信機器・録音再生機等が同4.1%減の38億4,590万ドル（同6.1%を占めた）であった。次いで化学製品は前年比10.8%減の129億140万ドル（全輸出額の20.4%を占めた）、うち化学原料が同134.8%増の33億9,660万ドル（同5.4%を占めた）、医薬品が同39.9%減の19億4,900万ドル（同3.1%を占めた）であった。

（1）ハイテク産業（電子・ソフトウェア産業等）

イスラエルの情報通信（ICT）市場の成長は、新しいサービスとネットワークの組み合わせにかかっている。今後数年間で、イスラエルの通信および視聴覚市場の成長の大部分は、モバイルおよび有料テレビから生じ、スマートフォンの普及は2025年までに85%増加すると予測されている。さらに、国内の成人人口の増加に伴い、スマートフォンの使用が増えており、追加のICT製品やサービスの需要に拍車がかかる。さらに、クラウドテクノロジーの需要の高まりは、イスラエルのICTセクター強化にとって重要である。イスラエルのイノベーションエコシステムは、高度なネットワーク技術に依存する多数のモノのインターネット（IoT）ソリューションを設計してきた。これらのソリューションは、ヘルスケア、農業、スマートシティ、産業オートメーションなど、様々な業界で利用され、IoTデバイス、プラットフォーム、およびサービスのデジタル取引機会を生み出している。ICT分野を含めハード・ソフト面でイスラエルが展開するハイテク産業の動向を次にみる。

《半導体産業》

イスラエル経済省の開発担当高官は最近、ハイテク産業が2018年にイスラエル経済の主要な成長源として認識され、2018年から2024年の間のGDP成長率の約40%を占めていたと報告した。イスラエルのハイテクセクターは現在、IBM、マイクロソフト、インテル、エヌビディア、HPなどの多国籍企業の開発センター約500件を含む、約9,000社の様々な企業で約40万人の労働者を雇用している。ハイテクはイスラエルの輸出の約53%を占め急速に成長している。ハイテク産業のほとんどがソフトウェアや情報技術に主眼を置いているのは事実であるが、数百の企業で数万人の労働者を雇用する半導体産業は、希望の星とされ、世界の産業全体に及ぼす影響は少なからぬものがある。2020年にARMのSEMICO組織が実施した調査によると、イスラエルは半導体スタートアップの数で米国

産業動向

に次いで 2 位にランクされていることが明らかになった。欧州の半導体分野の新興企業への投資の 50% 以上は、イスラエル企業によるものだった。

　Intel プロセッサの成功は、最大かつ最も持続的であったとされている。Intel は、1974 年に開発センターとしてイスラエルで事業を開始した。1980 年にはエルサレムに製造工場を設立し、1999 年には北部ネゲブ（キリヤット・ガット）に製造工場複合施設を開設し、同社の最先端の半導体を生産している。1980 年代には、インテル・イスラエルのエンジニアが中央演算処理装置（CPU）の開発業務を引き受けるようになり、これは後に非常に大きなインパクトを与えた。MMX テクノロジーはイスラエルで開発され、CPU プロセッサ内にグラフィックプロセッサを統合し、後にイスラエルのエンジニアがモバイルコンピューター用の最初の Intel プロセッサを開発した。現在でも、イスラエルのエンジニアは同社の主要な開発を担当しており、2024 年 6 月に発表されたモバイルコンピューター用の Lunar Lake プロセッサのみならず、高速 Thunderbolt 通信インターフェース、Intel の Gaudi 人工知能プロセッサなどはすべて、2019 年に Habana Labs を 20 億米ドルで買収した後、イスラエルで開発された経緯がある。

　さらに特筆すべき事項として、イスラエル半導体関連業界は品質試験の分野で世界をリードしてきたことである。非常に複雑で、非常に高い精度（数ナノメートル程度の精度）で実行する必要がある何千もの異なるステップが含まれているため、生産中に実施されるテストと測定は非常に重要であり、これらの試験は電子顕微鏡、特殊な X 線装置、紫外線 (EUV) に基づく光学システム、およびその他の技術を使用して行われる。この特定の分野・生産プロセスにおける品質チェックでは、イスラエルは世界の大国に劣らず、全世界市場の約 3 分の 1（約 60 億米ドルと推定）を占めると業界筋はみている。Applied Materials、LAM Research、Bruker などの世界的な大手企業は、イスラエルで最も先進的な測定および試験装置を開発している。例えば、アプライド マテリアルズはイスラエルで独立した事業部門である PDC（Process and Diagnostic Control）として事業を展開しており、半導体生産制御システムの開発と製造に注力中である。これは、米国外で最大の R&D センターで、従業員数は約 2,400 人、開発研究所、生産ホール、クリーンルームを備えている。

（出所：「The Israeli Semiconductor Industry: General Review」Isra-Tech 社）

　米半導体製造インテル社は、イスラエル財務省との 1 年間の困難な交渉を経て、250 億ドルを投じてキリヤット・ガットにチップ製造のためのメガ工場を建設し、10 年間で 600

億シェケル（約 160 億ドル）にのぼるイスラエル国産製品やサービスを購入することを 2023 年 12 月発表した。インテルとイスラエル当局は、インテルが投資額の 12.8% の増額補助金を受け取るが、法人税は 5% から 7.5% に引き上げられることで合意した。

政府は、インテルのキリヤット・ガットの新工場建設に、32 億ドルの公的助成金の支援提供に合意した。インテルによれば、この新工場は、欧州と米国で進行中および計画中の製造投資と並んで、より強靭なグローバル・サプライ・チェーンを育成するインテルの取り組みの重要な一部である。インテルは、キリヤット・ガットにある製造工場を含め、イスラエル国内に 4 つの開発・製造拠点を持ち、約 1 万 2,000 人を雇用している。新工場は 2027 年にオープンし、2035 年まで操業する予定である。

インテル社との協議を主導したイスラエル財務省クフィール・バタット予算局次長は、交渉結果について「インテルはイスラエルも必要としている。彼らはこの国をよく知っており、50 年間ここで活動してきた。インテル CEO は、戦争があったにもかかわらず、イスラエルの工場は目標の一つ一つを満たしていると指摘し、政府はそのことを考慮に入れた。イスラエルには工場から 30 キロ離れたところで戦時リスクがあり、前線司令部から労働者は工場出勤を禁じる指示もが発出される場合もある。」の旨リスクとメリットを述べた。

（出所：イスラエル経済月報　2024 年 1 月号　在イスラエル日本国大使館）

《情報通信 ICT》

イスラエルの情報通信技術（ICT）の発展は、当初、地政学的なニーズによって促進された。防衛関連の研究開発（R&D）は、イスラエルの当該産業開発のきっかけとなり、科学と工学の分野における高等教育システム、研究コミュニティ、および ICT 産業における労働力構造にも大きな影響を及ぼした。

イスラエルには 300 件以上の R&D センターが設置され、米国企業はイスラエルの全 R&D センターの約 55% を占めている。インテル、IBM、グーグル、シスコ、モトローラ、フィリップス、アップル、マイクロソフト、その他多くの企業が、イスラエルに投資し、地元の才能を活用するための研究センターが設立された。イスラエルの ICT 市場規模は顕著な成長を遂げると予測されており、2023 年の 507 億 4000 万米ドルから 2028 年までに 598 億 8000 万米ドルへと年平均成長率（CAGR）3.37% の規模で拡大すると予測されている。この市場拡大の予測では、イスラエル国内でのデジタル技術、サイバーセキュリティ、人工知能、ロボット工学、医療 IT への注目の高まりなど、複合的な要因が寄与する

産業動向

とみられている。ICT産業を次の関連分野毎にみる。

[ソフトウェア]

イスラエルは、米国製ソフトウェアおよび情報技術（IT）機器並びにサービスを輸入する最大の取引相手国である。イスラエルは、特にIT、ソフトウェア、インターネットの領域において、重要なプレーヤーとして浮上している。イスラエルのソフトウェア市場は目覚ましい成長を遂げており、過去10年間で約400%拡大している。イスラエルのソフトウェアは、PCのマザーボードチップから携帯電話まで、さまざまな技術デバイスに不可欠であり、そのアプリケーションは世界中のビジネス、消費者、技術ドメインにまたがっている。

クラウドコンピューティングとインターネットベースのビジネスおよび消費者サービスの提供は、100社を超えるイスラエルのソフトウェア企業が積極的に貢献している。イスラエルは、組織ソフトウェア、フィンテック、サイバーセキュリティにおいて卓越した強みを持っている。これらの強みは、イスラエルで毎年立ち上がる新規事業の40%以上を占め、全投資の半分以上を引き寄せている。イスラエルのソフトウェア業界は世界的に注目を集めており、HP、IBM、Microsoft、Oracleなど、多くの企業が国内に事業並びに製造の両センターを設立しているため、米国企業はイスラエルをR&Dセンター設立の重要拠点国と認識している。

[電気通信]

イスラエルの通信市場は、モバイルの普及率が高く、Bezeq International、Pelephone、HOT Mobile、Cellcom、013 NetVision、Partner、012 Smile、Golan Telecom、Rami Levi Telecomなどの多数のサービスプロバイダーが参加し、同国通信ネットワークは、世界で最も洗練されたネットワークの1つとされている。イスラエル通信省は、新技術と5Gセルラーネットワークに対応するため、2Gおよび3Gネットワークを廃止する旨発表した（2022年初頭開始、2025年末までに終了する予定）。前世代の技術を超えて、様々な分野の小規模産業やビジネスの発展・成長が期待さている。2021年6月、同省は光ファイバーインフラ計画の運用を発表し、イスラエルは全国の光ファイバーインフラの全面展開に向けて大きく前進した。また通信省は、2025年末までに光ファイバーに接続された家庭の92%を達成する目標を設定している。5Gの発展は、モバイルチップセット、モデム、データセンター機器、ルーター、ファイバー接続、IoTデバイスなど、5Gインフラストラクチャと統合するコンポーネントから始めて、5Gエコシステムの供給につながる。5Gネットワーク拡大に伴い、スマートシティ、交通、デジタル病院、製造等

分野での提供機会が拡大すると期待されている。

[人工知能（AI）]

　AIに焦点を当てた多数のスタートアップが、ヘルスケア、サイバーセキュリティ、金融などの多様な業界で取り組み中である。イスラエル政府はAIの重要性を認識し、さまざまなイニシアチブを通じてAIの開発を積極的に支援している。イスラエル・イノベーション・オーソリティとチーフ・サイエンティスト・オフィスは、AI主導のプロジェクトやスタートアップに対し、支援、資金提供、協力の機会を提供しており、この支援でAI環境におけるイスラエルの世界的地位が一層強化されるとみられる。

[クラウドコンピューティング]

　クラウドコンピューティングは、ICT市場のベンダーの間で広く採用されており、アプリケーション開発、テスト、リソース管理、データストレージ、バックアップ、およびオーケストレーションサービスに多くのメリットをもたらしている。本技術は、ITおよび通信、ヘルスケア、銀行金融および保険（BFSI）、製造、小売、メディア、エンターテインメントなど、イスラエルのさまざまなセクターで採用されている。

　マイクロソフトは、イスラエルで最初のクラウドを設立し、全国のデータセンターを通じてローカルクラウドサービスを提供することを計画中である。BFSIセクターでは、安全な支払いゲートウェイのためのクラウドベースのサービスの展開が増加している。ICT市場の主要なプレーヤーは、既存のデータセンターをクラウドコンピューティングソリューションにアップグレードし、市場の成長を牽引している。例えば、イスラエルはGoogleおよびAmazon Web Services(AWS)と10億米ドル相当の契約を結び、公共部門や軍隊にクラウドサービスを提供し、同国におけるクラウドプロバイダーの存在感が拡大していることが判明した。

　（出所：「Information Communication Technology ICT, Israel」米国商務省・国際貿易局、2023年10月6日公表）

《航空宇宙・防衛産業》

　イスラエルの国防費は、年間平均約210億ドルから220億ドル（国家資金）である。さらに、米国はイスラエルに対して年間330億ドルの対外軍事融資（FMF Foreign Military Financing）を提供し、ミサイル防衛予算として年間5億ドルを提供している。2023年7月時点で、イスラエルには593件のアクティブな対外軍事契約（FMS Foreign Military Sales）があり、その価値は約300億ドルに相当する。2019年度から2028年

度までの現在のイスラエルに対する米国の対外軍事融資が 330 億ドル、ミサイル防衛予算が 50 億ドルの合計 380 億ドルである。2022 年には、イスラエルのアイアンドームミサイル防衛システムを補充するために、さらに 10 億ドルが提供された。イスラエルの軍事および商業活動と米国の防衛産業との活動は密接であり、主要な米国企業との取引契約が含まれている。米国は、イスラエルのシステムに統合できる高品質のコンポーネントを輸出している。2022 年 11 月、米国を拠点とする大手防衛企業であるレオナルド DRS は、史上初めてイスラエルの大手防衛技術企業 RADA を買収した。

イスラエルの防衛産業は、イスラエル航空宇宙産業（IAI）、ラファエル・アドバンスド・ディフェンス・システムズ (いずれも準政府)、エルビット・システムズの 3 社が独占している。両社は、宇宙および空中偵察システム、レーダーシステム、UAV、アビオニクスおよび電気光学システム、軍需品、戦車、装甲兵員輸送車など、多様な製品とサービスのポートフォリオを提供しており、さらに、数百の中小企業が活動している。

イスラエルの防衛装備品輸出は 2022 年に新記録の 125 億 4600 万ドルを記録し、2021 年（113 億ドル）から 11% の増加を示し、イスラエルの防衛輸出は 2 回連続で新たなピークに達し、5 年間で 65% という驚異的な増加を記録した。イスラエル製 UAV とドローンの総輸出額は 10 倍に増加し、契約の半分は 1 億ドル以上である。アブラハム合意諸国 (アラブ首長国連邦、バーリア、モロッコ) への輸出額は約 30 億ドルに達した。

イスラエルの国営航空会社エル・アルは、45 機の航空機を保有しており、その全てがボーイング社製である。同社は、パンデミックにより 2020 年と 2021 年に大きな損失を計上したが、2022 年は純利益が黒字と、2015 年以来初めて純利益が黒字転換した。2022 年の好業績を踏まえ、同社は、ボーイング 787 型の購入またはリースで、ベングリオン空港のハブ空港を通じて年間搭乗客を約 750 万人に拡大する計画である。（出所：「Aerospace and Defense, Israel」米国商務省・国際貿易局、2023 年 10 月 6 日公表）

（2）化学産業（医薬品を含む）

イスラエルは、鉱物や肥料、臭素、精製油や石油化学製品、医薬品、化粧品の主要な生産国である。死海は、カリウム、塩化マグネシウム、臭化物が豊富であるため、20 世紀初頭から同国化学産業で重要な役割を果たしてきた。南部の砂漠地帯であるネゲブから抽出されたリン酸塩鉱床も、重要な化学産品の一つである。非常に乾燥した条件と、それに

伴う死海付近の高い蒸発率が、イスラエルに塩やその他の鉱物鉱床を生み出してきており、これらの製品はマグネシウムおよびカリ産業（注1）を生み出した。化粧品としての死海泥塩の輸出も増加している。現在、約200の採石場が操業し、年間5,000万〜6,000万トンの原材料を生産している。

(注1) カリウムの塩形であるカリは肥料の主要な成分の1つで、干ばつ、病気、寄生虫、寒さから作物を保護する。

イスラエル独立期間(1948年-1960年)を経て、新政府は1952年、原材料を採掘し、その派生物を処理する国営企業を設立し、ネゲブ砂漠から鉱物を抽出し化学製品に変換するため他のいくつかの国営企業も設立した。これらの企業の多くは、後にイスラエル・ケミカルズ社に統合された。1990年代初頭、政府はテルアビブ証券取引所（TASE）に株式を上場することにより、ICLの民営化を開始した。1995年、イスラエル政府はICLの主要な持分をICL社に売却し、事実上、会社を民営化した。現在は、医薬品・化粧品、化学・肥料、精製・石油化学などのセクター毎の事業に注力している。セクター毎の特徴は次の通りである。

[医薬品]

1901年に設立されたTeva Pharmaceuticals Industryは、イスラエル最大の企業である。グローバル事業は、ジェネリック医薬品とスペシャリティ医薬品の2つのセグメントで構成されている。Teva社は、米国とEUの両地域における代表的なジェネリック医薬品会社である。同社の主要製品の多くは、中枢神経系、疼痛軽減、呼吸器系、および腫瘍学に関連している。

[燃料・石油化学製品]

イスラエルには、ハイファとアシュドッドに製油所複合施設がある。Oil Refineries Ltd.（ORL）は、Bazan Groupとしても知られ、ハイファ湾に位置するイスラエル最大の石油精製および石油化学コンビナートを運営している。ORLとその子会社は、石油製品、プラスチック原料のポリマー、種々化学品を製造している。

[エネルギー]

Paz Groupは、イスラエルで初めて製油所を所有するエネルギー会社で、アシュドッド製油所は年間約450万トンの原油生産能力を有する。イスラエル電力公社（IEC）は国営企業で、電力の生成、変換、配電、販売事業に注力している。

■ 産業動向

[鉱業および化学]

イスラエル・ケミカルズ社（ICL）は、世界の臭素の約3分の1を生産し、カリの生産量第6位であり、純粋なリン酸の大手供給者でもある。同社は、特殊肥料とリン酸塩、難燃剤、および水処理ソリューションの大手メーカーである。ICLは、コンピュータ、携帯電話、その他の電子機器の火災を防ぐために使用される臭素ベースの難燃剤も製造している。同社は、肥料の原料として使用され、医薬品および食品添加物業界の成分として機能するカリとリン酸塩を採掘している。Dead Sea Magnesium(DSM) は、ICLの冶金部門である。死海から純粋なマグネシウムとマグネシウム合金を製造し、世界最大の太陽蒸発事業の1つを行っている。DSM 製品は、主に米国および西欧諸国のアルミニウム、チタン、鉄鋼、自動車業界で使用されている。

[農薬等農業関連化学]

ADAMA Agricultural Solutions は、除草剤、殺虫剤、種子処理などの作物保護ソリューションの世界的な大手メーカーである。ADAMA 社は、国内（Neot Hoveriv、Ashdod）拠点施設並びに海外製造施設も保有。またハイファグループは、農業および工業用の硝酸カリウム、特殊植物栄養素、および食品リン酸塩の世界的なサプライヤーである。同社は、特殊肥料と硝酸カリウム製品を開発および製造している。

[ゴムおよびポリマー業界]

プラスチック・ゴム業界は、イスラエルで急速に成長している産業分野の1つで、ポリエチレン、ポリプロピレン、ポリスチレン、ポリ塩化ビニル (PVC) などの原材料のほか、特殊コンパウンドや消費者製品を製造している。点滴灌漑システム、スプリンクラー、アクセサリーなど主要農業用製品の大手サプライヤーである。

(出所：「イスラエルの化学産業（Israel's Chemicals Industry:From the Desert to the Dead Sea)」、米国化学工学会（AIChE, American Institute of Chemical Engineers））

(3) ダイヤモンド産業

前述の通り、建国当初の主要産業の一つとしてダイヤモンド加工など軽工業が発達して経済成長を牽引してきたが、1990年代以降はハイテク産業の勃興により伝統的産業を中心とした産業構造が大きく変化した。このため最近では、国内の研磨工場がコスト高から競争力を失い、人件費の安いインドや中国、ロシア、東欧などに急激にシフトしている。そ

して、それらの国で研磨されたダイヤモンドがいったんイスラエルに戻され、最終仕上げや品質チェックを経た後で各地に輸出される構図となったため、これが加工ダイヤモンドの輸入増の原因とみられている。

　中央統計局によれば（2024年8月12日公表）、ダイヤモンドの輸出は、2005年に120.6億ドル、2010年に129.6億ドル、2020年に44.9億ドル、2022年に92.7億ドル、2023年に64.3億ドルと過去20年間で約半分に減少した。一方、宝石業（身辺模造細貨を含む）の従事者指数（2011年＝100）は、2019年に93.3、2020年に66.1、2021年に65.7、2022年に69.5、2023年に64.8へと直近5年間で激減しており、現在イスラエルの主力産業の一つであるコンピュータ・電子・光学機器の2023年における同指数109.5とは大きな乖離がある。イスラエルは単なるダイヤモンドの流通経由地と化しつつあり、大きな転換期を迎えている。

製造業の部門別生産指数（2011＝100）　　　　　　　　　　　　　　　〔単位：指数、％〕

	ウエイト	2019	2020	2021	2022	2023	伸び率
製造業・鉱業	100.0	121.4	129.0	136.6	157.0	159.0	1.3
鉱業・採石業	11.6	200.4	270.2	320.3	400.4	446.4	11.5
製造業	88.4	115.4	118.3	122.6	135.8	134.0	△1.3
食料品	8.1	113.6	116.0	119.7	124.6	124.7	0.1
飲料・タバコ	1.1	112.9	111.5	119.5	118.7	114.9	△3.2
繊維	0.7	90.8	85.9	88.1	82.7	83.9	1.4
衣料	0.6	101.3	80.3	92.6	99.1	84.3	△14.9
皮革・革製品	0.1	88.5	65.0	76.0	88.7	90.0	1.5
木材・木製品（家具を除く）	0.6	132.2	135.1	130.2	124.1	116.7	△6.0
紙・紙製品	1.2	115.1	111.2	116.1	116.9	114.4	△2.1
印刷・記録媒体	1.0	103.8	82.7	89.0	94.3	88.5	△6.2
石油製品・化学製品	9.3	105.3	107.2	106.1	114.9	103.1	△10.3
医薬品	2.4	81.8	74.9	59.3	51.4	58.6	14.0
プラスチック・ゴム製品	4.8	105.0	106.5	108.3	107.9	103.5	△4.1
非金属鉱物製品	1.9	128.1	128.7	130.0	145.9	134.4	△7.9
基礎金属	1.9	105.7	108.7	95.3	99.1	97.1	△2.0
金属製品（機械・設備を除く）	6.4	108.4	99.7	106.9	104.6	106.3	1.6
コンピュータ・電子・光学機器	35.7	129.0	146.3	156.6	176.3	174.8	△0.8
電気機器・設備	1.5	83.2	79.6	90.6	91.1	94.2	3.4
機械・設備	3.3	120.2	119.9	131.1	141.5	132.8	△6.1
自動車、トレーラー	0.6	70.2	59.2	65.0	60.0	57.6	△4.0
その他輸送機器	3.1	148.1	145.1	146.2	159.2	176.7	11.0
家具	1.3	109.9	105.8	117.9	123.2	113.0	△8.3
その他製造業製品	1.9	128.1	127.4	145.4	154.8	152.2	△1.7
機械修理・据付	0.8	186.8	189.5	203.7	193.7	195.2	0.8

〔出所〕中央統計局（CBS,Statistical Abstract of Israel 2020,2021,2022,2023,2024）

産業動向

製造業の部門別雇用者指数（2011＝100、各年12月、季節調整済）

〔単位：％〕

	ウエイト	2019	2020	2021	2022	2023	伸び率
製造業・鉱業	100.0	99.9	93.3	94.7	98.6	98.2	△0.4
鉱業・採石業	11.6	119.7	114.1	112.4	119.0	117.9	△0.9
製造業	88.4	99.7	93.1	94.5	98.4	98.0	△0.4
食料品	8.1	109.5	100.3	102.6	107.0	108.1	1.0
飲料・タバコ	1.1	103.1	99.1	106.3	115.0	120.0	4.4
繊維	0.7	86.4	70.4	68.1	71.4	71.0	△0.6
衣料	0.6	71.0	50.4	51.8	59.2	57.5	△2.8
皮革・革製品	0.1	73.2	54.2	54.5	55.7	53.0	△4.9
木材・木製品（家具を除く）	0.6	96.8	86.5	87.7	89.1	89.6	0.6
紙・紙製品	1.2	86.4	82.2	83.2	86.3	83.3	△3.5
印刷・記録媒体	1.0	107.8	82.5	80.8	87.7	87.8	0.1
石油製品・化学製品	9.3	96.9	92.7	92.9	92.9	92.6	△0.3
医薬品	2.4	92.5	86.9	87.2	82.8	82.9	0.1
プラスチック・ゴム製品	4.8	105.6	103.9	109.2	109.4	102.6	△6.2
非金属鉱物製品	1.9	106.3	94.2	89.8	89.8	87.9	△2.1
基礎金属	1.9	107.8	106.6	98.9	98.3	95.7	△2.7
金属製品（機械・設備を除く）	6.4	92.4	84.9	86.2	89.6	87.9	△1.9
コンピュータ・電子・光学機器	35.7	99.6	99.1	100.4	106.8	109.5	2.6
電気機器・設備	1.5	81.1	76.9	77.5	84.1	85.7	1.9
機械・設備	3.3	111.5	108.9	112.9	115.8	110.7	△4.4
自動車、トレーラー	0.6	80.2	68.8	73.1	69.0	66.1	△4.3
その他輸送機器	3.1	96.7	88.7	82.9	82.5	84.2	2.0
家具	1.3	94.9	86.1	91.3	99.0	95.7	△3.3
その他製造業製品	1.9	106.6	92.0	98.3	106.1	104.9	△1.1
機械修理・据付	0.8	143.7	120.5	109.3	113.1	116.5	3.0

〔出所〕中央統計局

4　観光業

　イスラエルは、ユダヤ教、キリスト教、イスラム教の聖地であるエルサレム、死海、紅海、ネゲブ砂漠、キリストゆかりの地であるガリラヤ地方など、魅力的な観光資源が豊富にある。

　経済協力開発機構（OECD Tourism Trends and Policies 2024）によれば、イスラエルの観光業は、2022年に298億シェケルに達し、GVAの1.9%を占めた。新型コロナ禍中の2020年に最低記録した96億シェケル（GVAの0.7%相当）から2倍以上上向いた。パンデミック前、観光業が国内GVAに占める割合は2.6%だった。観光業による直接雇用は13万5,500人と推定され、総雇用の3.2%を占めた。2021年の10万8,200人と比較すると25%増加した。イスラエルは2022年に270万人の海外観光客の入国を記録した。これは2019年レベルと比較して59%回復したが、2021年の40万2,000人と比較すると約7倍近く増加した。海外観光客の上位3カ国は、米国（30%）、フランス（9%）、英国（7%）であった。国内観光はイスラエルの需要の重要な原動力であり、パンデミックの余波の中でも回復力を発揮した。2022年は、イスラエルは国内観光客940万人、国内宿泊数2,010万泊という新記録であった。

　直近の観光動向をみると（中央統計局）、2023年にイスラエルに入国した海外観光客数は前年比12.5%増の301万人に達し、コロナ禍前のピーク時2019年（455万人）の66%まで回復した。2024年に入ると1-6月間の海外観光客数は前年同期比74.9%減の49.5万人へと大幅に減少しており、イスラエルとハマスとの間の戦闘が継続したため観光客の入国に影響を及ぼしたものとみられる。一方、観光収入は2019年に64億4,900万ドルと直近年のピーク時に達したが、コロナ禍中の翌2020年には10億9,900万ドルまで落ち込んだ。その後2022年に43億7,700万ドル、2023年に49億6,700万ドルまで順調に回復してきたが、2024年に入ると1-6月間の観光収入は前年同期比73.1%減の8億2,600万ドルまで激減し、紛争要因が悪影響となった。

産業動向

外国人観光客の動向

〔単位：1,000〕

	入国者総数		外国人観光客		ベット数	
〈年合計〉	千人		千人		年末	
2019	4,904.6		4,551.6		13,870	
2020	887.1		831.4		13,038	
2021	402.3		396.5		12,436	
2022	2,851.3		2,675.0		12,395	
2023	3,239.1		3,010.3		12,628	
〈直近の月間〉	未調整	季節調整値	未調整	季節調整値	未調整	季節調整値
2024年1月	59.1	71.7	58.6	76.9	76.0	100.8
2月	68.1	68.1	67.5	74.3	221.5	270.8
3月	79.5	71.8	78.6	77.4	488.5	410.7
4月	81.2	74.0	80.1	80.0	546.8	548.0
5月	115.5	85.0	114.0	90.6	721.9	606.2
6月	97.7	83.6	96.5	89.4	662.5	678.3
7月	110.1	99.8	108.3	105.6	817.9	711.9
8月	69.9	59.1	68.8	64.2	585.1	629.5
9月	86.4	76.1	85.1	82.3	590.8	691.5
10月	67.5	67.3	66.8	72.7	832.7	817.6
11月	62.1	55.5	61.5	62.0	910.1	772.6
12月	77.2	79.6	75.9	88.9	NA	NA

〔出所〕中央統計局

ホテルサービス事情

	2019	2020	2021	2022	2023
外国人入国者数(1,000人)	4,551.6	831.4	396.5	2,675.0	3,010.3
延べ宿泊者数(1,000人)	28,210.0	9,947.7	16,451.0	24,618.4	28,053.3
外国人	13,621.0	2,473.8	866.2	7,598.7	8,520.9
イスラエル人	14,589.4	7,473.7	15,584.6	17,019.1	19,532.7
ベット数(床)	153,046	155,242	159,896	160,784	151,130
客室数(室)	60,069	59,929	61,216	62,238	62,374
客室稼働率(％)	69.5	24.8	39.2	60.1	63.8

〔出所〕中央統計局

5　建設業

　中央統計局によれば、イスラエルの建物完成時の合計面積は（2024年10月10日公表）、2023年に前年比15.9％増の1,584万2,000㎡へと、直近5年間で33.9％も拡大した。このうち居住用建物の面積は、前年比11.4％増の1,108万1,000㎡で合計面積の69.9％を占め、住宅建設ブームである。一方非居住用建物は同28.2％増の476万1,000㎡と伸び率が居住用建物のそれを上回っており、このうち全体の7.2％を占める事務所用は同24.9％増の114万3,000㎡、次いで製造業用が同12.7％増の91万3,000㎡、教育機関用が同20.9％増の81万㎡、商業用が同63.2％増の63万㎡、運輸・通信用が同144.4％増の34万7,000㎡、ホテル用が同98.4％増の12万7,000㎡など、軒並み大幅に拡大しており、建設ブームの真っただ中にあるといえよう。一方、農業用は前年比34.7％減の21万3,000㎡と時代の変遷を感じさせる。

　戦争が始まって以来、約2万人の外国人建設労働者がイスラエルに居住している。最新の政府決定では、外国人居住者数を4万5,000人分増やすとしている。政府は、さらに2万人の外国人労働者（主にインド、スリランカ、ウズベキスタンの3カ国）を民間の人材派遣会社を通じて直接受け入れることを承認する意向でもある。2013年から2022年の間に、イスラエルの建設産業で働く外国人労働者の数はわずか1万5,000人ほどしか増えていない。スリランカ、ウズベキスタンでの作業はより困難であり、採用は遅々として進んでいないため、労働者の大半はインドからの到着が予想されている。建設住宅省は2024年2月中旬に最新情報を発表し、これまでに3カ国から1万人の労働者を組織したと述べ、イェフダ・モルゲンシュテルン局長は、2024年3月末までにさらに2万人の労働者手配を目標としている旨述べた。法律上、外国人建設労働者は正式に認可された人材派遣会社を通じてのみ採用可能である。戦争勃発前の派遣会社はイスラエルで約50社営業していたが、勃発後、さらに150社が申請書を提出したため、採用プロセスの大幅スピードアップが求められている。人口・移民局によって承認されたのはこのうち10社程度で、通常であれば、認可には約2年を要する。旺盛な建設ブームへの対応には人在不足が大きな課題となっている。（出所：イスラエル経済月報2024年2月号、在イスラエル日本国大使館）

産業動向

建設動向

	2022	2023	構成比	伸び率
建物着工時				
面積(1,000m²)	17,300	16,383	100.0	△5.3
居住用	12,785	11,600	70.8	△9.3
非居住用	4,515	4,783	29.2	5.9
ホテル用	158	244	1.5	54.4
事務所用	1,207	1,241	7.6	2.8
商業用	518	450	2.7	△13.1
運輸・通信用	189	309	1.9	63.5
製造業用	1,302	1,308	8.0	0.5
教育機関用	644	569	3.5	△11.6
保健施設用	54	40	0.2	△25.9
その他公共施設用	287	376	2.3	31.0
農業用	158	245	1.5	55.1
建物完成時				
面積(1,000m²)	13,665	15,842	100.0	15.9
居住用	9,950	11,081	69.9	11.4
非居住用	3,715	4,761	30.1	28.2
ホテル用	64	127	0.8	98.4
事務所用	915	1,143	7.2	24.9
商業用	386	630	4.0	63.2
運輸・通信用	142	347	2.2	144.4
製造業用	810	913	5.8	12.7
教育機関用	670	810	5.1	20.9
保健施設用	97	214	1.4	120.6
その他公共施設用	304	363	2.3	19.4
農業用	326	213	1.3	△34.7

〔出所〕中央統計局

6　エネルギー事情

　イスラエルは経済協力開発機構（OECD）加盟国の中で2番目に高い人口増加率であり、2040年の予想人口は1,320万人、また2040年には自動車台数が640万台（2021年比60%増）に増加し、電力需要も倍増すると予測されている。イスラエルは発電と輸送のためのよりクリーンなエネルギー源に移行する計画であるため、国内エネルギー需要は今後数年間で大幅に増加するとみられている。環境汚染を減らし、天然ガス並びに再生可能エネルギー利に向かうプログラムを推進している。分野ごとの特徴および進捗について次の通りみる。

《電力インフラ》

　イスラエル電力公社（IEC）は国営で唯一の垂直統合型電力会社であり、すべてのセグメントで事業を展開し、イスラエルで発電される電力の大部分はIECによって供給されている。イスラエルの電力網は近隣諸国のシステムに接続されていないため、2010年から2020年の間に年平均3%増加しているエネルギー需要を満たすため自給自足の維持が迫られている。2021年の総設備容量は合計21.5GWで、生産量の61%を占め、残りを独立系発電事業者が占めている。電力公社によると、2025年の設備容量は、電力需要を満たすため27.9GWの発電能力に達する必要がある。イスラエル政府は2018年6月、2018年から2026年までの8年間で実施される予定のイスラエル電力セクターの包括的な構造改革を承認した。

《天然ガス》

　イスラエル・エネルギー省の2030年の発電目標は、石炭を主に天然ガスで代替し、天然ガスの使用を70%、再生可能エネルギーの30%達成すると同時に、すべての石炭火力発電所を閉鎖し、緊急時に備えて一部の発電能力を維持することである。2030年からガソリン車の輸入を禁止し、電気自動車と天然ガストラックへの段階的移行が求められている。天然ガスの国内消費量は順調に伸びており、2022年には127億立方メートル（12.7bcm）に達した（2021年から3%増加）。天然ガス消費量の伸びは電力部門が主導し、発電源の79%（10.1bcm）を占めた。米国企業ノーブル・エナジー（2020年にシェブロンが買収）とその現地パートナーは、2009年、イスラエルの天然ガスの大部分を供給する能力のあるタマル油田を発見した（2020年まで供給）。シェブロンとその現地パートナーによる最

近の開発は、2019年後半に生産を開始したリヴァイアサン・ガス田で、合計605bcmの天然ガス資源を有する（タマルのほぼ2倍の規模、イスラエル沖で発見された同ガスの約3分の2に相当）。2021年、リヴァイアサンはタマルを抜いて、イスラエルの天然ガス供給の50%以上を占めた。

《再生可能エネルギー》

イスラエルは太陽光発電のポテンシャルが十分にあるにもかかわらず、現状では再生可能エネルギー目標の達成には届かず、2022年には再生可能エネルギーによる電力生産はわずか10.1%であった。イスラエル政府は、パリ協定へのイスラエルのコミットメントに沿って、2021年7月、2015年を基準年として、2015年の温室効果ガス（GHG）排出削減目標を2030年までにGHG排出量を27%削減に更新した。政府は2015年を基準年として、発電に起因する2030年のGHG排出量を30%削減する目標である。この計画では、電力の約90%を太陽光が占め、残りの10%は風力、水力、バイオマスで賄う計画である。（出所：「Energy, Israel」米国商務省・国際貿易局、2023年10月6日公表）

エネルギー事情

〔単位：TJ（テラジュール）〕

	2022	2023	構成比	伸び率
エネルギー供給	1,018,558	1,023,627	100.0	0.5
石油	374,219	388,967	38.0	3.9
天然ガス	437,122	448,796	43.8	2.7
石炭	160,570	131,530	12.8	△18.1
再生可能（風力・太陽光等）	46,647	54,334	5.3	16.5
バイオフューエル・廃棄物	5,592	5,592	0.5	0.0
エネルギー消費	666,160	NA		-
石油・石油製品	369,977	NA		-
電気	228,964	NA		-
天然ガス	44,273	NA		-
再生可能（風力・太陽光等）	17,462	NA		-
バイオフューエル・廃棄物	4,679	NA		-
石炭	805	NA		-

1TJ（テラジュール）＝0.278GWh（ギガワット/時）
〔出所〕IEA　World Energy Balances 2024

市場環境

1 立地・人口

(1) 立地

　イスラエルは北にレバノン、北東にシリア、東にヨルダン、南にエジプトと接する。ガザ地区とヨルダン川西岸地区を支配するパレスチナ自治政府とは南西および東で接する。西に地中海があり、南は紅海につながっている。ヨルダンとの国境付近に世界的にも高濃度の塩湖である死海がある。イスラエルの支配地域は2万2,072㎢（日本の四国程度）と狭く、南北に細長い。南北には470kmあるが、東西は一番離れた地点間でも135kmである。地中海沿岸の平野部は肥沃な農地地帯となっている。また、平野部に国民の大半が住んでおり、工業施設の大半も平野部に存在する。

《気　候》

　イスラエルは、北緯29度29分から33度17分の間で亜熱帯気候区の縁辺部に位置する。南半球と北半球の違いはあるが、日本の九州地方と同緯度ということで、地形などの違いがあるものの、日本と同じく春夏秋冬がある。北部のガリラヤおよびゴラン地方は比較的豊富な雨量で常に緑が保たれているが、南部のネゲブ砂漠は国土のかなりの割合を占めており、乾燥し、切り立った山々が存在する。

　イスラエルの気候は、北部のガリラヤ地方と西部の海岸平野地方では湿潤な気候（地中海性気候）だが、南部および東部では乾燥した気候（砂漠性気候）になる。

テルアビブの月平均気温（2023年）・降水量（2022-23年度）

〔単位：℃、mm〕

	1月	2月	3月	4月	5月	6月	7月	8月	9月	10月	11月	12月
最高気温	20.1	18.0	21.7	23.3	25.4	28.5	30.8	31.4	31.0	29.4	26.0	22.8
最低気温	12.9	10.9	14.8	16.0	19.5	22.5	25.4	26.5	24.8	22.8	18.8	15.3
降水量	97.7	90.3	51.2	33.6	0.7	0.9	0.9	-	-	5.2	53.6	88.0

〔出所〕中央統計局

■ 市場環境

(2) 人　口

　イスラエル中央統計局によれば（2023年9月12日公表時点）、2022年の総人口は966万人である。そのうちユダヤ人が710万人（その他を含む）、アラブ人が204万人を占めた。イスラエルへの移民数はイスラエル国家成立後合計333万6,659人に達しており（1948-2021年累計、2022年9月15日時点）、直近のフロー移民数は2019年が3万743人、2020年が1万7,518人、2021年が2万2,726人、2022年が7万4,494人と、パンデミック前後4年間で2.4倍に拡大した。人口増加に占める移民構成比のうち、ユダヤ系は28％を占め、アラブ系は8％、その他は99.8％であった。ユダヤ人の移民については1970年に改正された帰還法により、ユダヤ人の定義としてユダヤ教を信仰しているか、母親がユダヤ人としている。イスラエルは移民国家であり、出身地ごとに欧米系をアシュケナジム、アジア・アフリカ系をセファルディム、オリエント系をミズラヒムと呼び、同じユダヤ人でも異なる人種の場合もある。なお、アラブ人の約8割はイスラム教徒である。

　人口の推移をみると、2022年に人口は2010年比25.6％増加しているが、内訳ではユダヤ人が22.4％に対しアラブ人は29.6％増で、アラブ人の人口増加率が大きい。

　生産年齢人口（15歳以上）は2021年時点で675万人、総人口比71.4％となっており、2015年時点の71.0％から若干増加した。男女比では男性が49.0％、女性が51.0％で女性の割合がやや大きいが、2015年比では女性の12.0％増に対し男性が12.6％増と、男性の伸びが0.6ポイント高い。

総人口・生産年齢人口

〔単位：1,000人、％〕

	2020	2021	2022	2023	2024	伸び率
総人口（各年末）	9,289.8	9,453.0	9,662.0	9,914.7	10,026.9	1.1
ユダヤ人	6,873.9	6,982.6	7,101.4	7,153.0	7,230.2	1.1
アラブ人	1,957.3	1,997.8	2,038.8	2,067.3	2,104.1	1.8
他	458.6	472.5	521.9	694.4	692.6	△0.3
労働年齢人口（15歳以上）	6,629.2	6,750.3	6,955.7	7,119.7	7,187.7	1.0
男性	3,248.5	3,309.4	3,404.2	3,481.0	3,528.5	1.4
女性	3,380.7	3,440.9	3,551.5	3,638.7	3,659.1	0.6

注：2023年および2024年の総人口並びに労働年齢人口は速報値
〔出所〕中央統計局

2　労働事情

労働市場の特徴

　1985年に導入された経済安定化計画（ESP,Economic Stabilization Plan）は、現在に至るイスラエル経済の発展方向を規定した分水嶺になっており、基本的にネオリベラリズムに基づく金融・労働市場などの自由化とグローバリズムへの展開が現代の産業構造への転換に弾みをかけた。この計画の浸透により社会労働面で強力な役割を果てしていたヒスタドルート（労働総同盟）の地盤沈下を招来した。社会的勢力の低下は、さらに、1990年以降の集中的な旧ソ連圏からの移民流入と質的にも多様な労働力の参入が労働市場を大きく変動させハイテク産業の勃興を促し、IT関連労働力は労組による交渉で労働条件を決定するより個人レベルでの交渉が多くそれがヒスタドルートの役割を低下させ、結果的に、年金基金の運用におけるヒスタドルートの役割が停止したこと（2003－2004年に導入された年金制度改革においてヒスタドルートが保管・運営していた年金基金が国有化、その後そのまま民営化され年金基金の大部分は社債や株式市場に向かった）などにより、ヒスタドルートの弱体化とIT駆使の金融資本市場強化の二律相反の方向が明確となった。2023年の主要業種別就業構成比で、2019年比増加率は、銀行・保険・ファイナン

労働力人口

〔単位：1,000人、％〕

	2019	2020	2021	2022	2023*
生産年齢人口	6,494	6,620	6,738	6,878	7,028
うち、移民	989	1,000	999	1,032	1,058
労働力人口	4,124	4,089	4,164	4,350	4,486
うち、移民	688	692	693	721	721
生産年齢人口に対する労働力人口の割合					
全体	63.5	61.8	61.8	63.2	63.8
男性	67.6	65.5	65.1	66.6	67.2
女性	59.6	58.2	58.6	60.1	60.6
移民	69.5	69.2	69.4	69.9	68.1

注：＊は推計。
〔出所〕イスラエル中央銀行

市場環境

ス業が15.3%増、建設業が8.1%増、商業が5.0%増と増加しており、ハイテク、サービス等分野への傾斜が明確である。

一方、2000年9月のインティファーダ発生以来、イスラエル軍による境界封鎖と外出禁止令が頻繁に行われ、2001年にパレスチナ人はわずか1.4万人まで減少した。最大の労働吸収分野である建設、サービスでの不足分を外国人労働者が補完する形となり、戦争が始まって以来、約2万人の外国人建設労働者がイスラエルに居住している。最新の政府決定では、外国人居住者数を4万5,000人分増やすとしている。政府は、さらに2万人の外国人労働者（主にインド、スリランカ、ウズベキスタンの3カ国）を民間の人材派遣会社を通じて直接受け入れることを承認する意向でもある。しかし、何万人もの外国人労働者の滞在先はどこか、適切な場所を見つけ、許認可し、住宅建設にはかなりの時間を要するなどの課題が山積している。

《最近の動向》

中央銀行によると、2023年の労働力人口は前年比3.1%増の448万人（推計）であった（季節調整前）。生産年齢人口に対する労働力人口の割合は63.8%で、この8年間60%台前半で推移しているが、男女別では男性が67.2%、女性が60.6%と女性の労働参加率が2022年以降高まっており、結婚および出産後も仕事を続ける女性が増えていることによる。男性の労働参加率65.5%は低くはないが、イスラエルには宗教上の教義で労働を拒否するハレディー（ム）（超正統派ユダヤ教徒（注））の存在があり、彼らの存在が労働参加率を7割以下にとどめている要因となっている。彼らの労働参加率を高めることがイスラエル経済の将来の成長のカギとなるため、イスラエル国会は2017年からハレディームの男性を兵役対象とする法案を可決したが、労働市場への参入は進んでおらず、彼らの就業促進がイスラエル経済の長期的パフォーマンスを左右する注目すべきポイントとなっている。

　　（注）超正統派、ハレディー（ム）（HarediまたはCharedi Judaism, ultra-Orthodox Judaism）とは、ユダヤ教正統派のうち、教義や戒律を厳格に守る宗派。男性は世俗職に一切つかず、女性が稼ぎを担当するため貧困率が高く、イスラエルでは国による生活補助金で暮らす人が多い。合計特殊出生率が6を超えイスラエル全体の3より高く、信者数が増加している。イスラエルの人口に占める超正統派の比率は、2019年1月時点報道では12%（約100万人）へ増え、21世紀半ばにイスラエル人口の40%に達するとの予測もある。

市場環境

《雇用事情》

　2023年の雇用者総数は前年比2.4%増（約11万人増）の461万人、そのうちイスラエル人雇用者数が433万人で、その差は約30万人となっているが、その大半は民間部門で雇用されている。イスラエル人の雇用は公共部門が36.8%を占め、民間部門が63.2%を占めており、民間部門のうち銀行・保険・ファイナンス業が98万人と最大で、製造業が40万人、商業が44万人と続く。業種別で2019年比の増加率をみると、銀行・保険・ファイナンス業が15.3%増、建設業が8.1%増、商業は5.0%増と増加したのに対し、製造業は0.5%減と明暗が分かれた。

《外国人労働者の動向》

　イスラエルの労働市場には、ヨルダン川西岸およびガザ地域からのパレスチナ人も含まれ1989年のインティファーダ直前には10万人を超えるパレスチナ人がイスラエル国内で雇用されていた。2000年9月のインティファーダ発生以来、イスラエル軍による境界封鎖と外出禁止令が頻繁に行われ、2001年にパレスチナ人はわずか1.4万人まで減少した。その不足分を外国人労働者が補完する形となり、不法労働者も増え社会問題となったため、政府は2002年8月以降、新規の外国人労働者の入国制限を決定した。不法労働者数は数十万人とも言われ、就労業種は建設部門が最も多く、次いでホテル・飲食、各種サービスなど多岐にわたっている。

　現在建設ブームであるが、紛争の発生などにより人材不足が発生しているため、2024年2月18日の週、インドから約50人の外国人建設労働者がイスラエルに到着した。ここ4カ月以上、建設業界は膨大な労働力不足に対処してきた。10万人以上のパレスチナ人建設労働者のイスラエル入国を阻止した結果である。さらに、その後インドから約1,000人の労働者がイスラエルに到着した。しかし、何万人もの外国人労働者の滞在先はどこか？適切な場所を見つけ、許認可し、住宅建設にはかなりの時間を要する。

　戦争が始まって以来、約2万人の外国人建設労働者がイスラエルに居住している。最新の政府決定では、外国人居住者数を4万5,000人分増やすとしている。政府は、さらに2万人の外国人労働者（主にインド、スリランカ、ウズベキスタンの3カ国）を民間の人材派遣会社を通じて直接受け入れることを承認する意向でもある。2013年から2022年の間に、イスラエルの建設産業で働く外国人労働者の数はわずか1万5,000人ほどしか増え

市場環境

ていない。スリランカ、ウズベキスタンでの作業はより困難であり、採用は遅々として進んでいないため、今後労働者の大半はインドからの到着が予想されている。

雇用事情

〔単位：1,000人、％〕

	2020	2021	2022	2023	伸び率
雇用者総数*	4,168	4,224	4,501	4,609	2.4
民間部門	2,702	2,734	2,961	3,035	2.5
イスラエル人雇用者数	3,913	3,957	4,187	4,332	3.5
公共部門	1,465	1,488	1,538	1,593	3.6
民間部門	2,449	2,469	2,649	2,739	3.4
製造業	380	395	403	404	0.2
建設業	198	195	212	222	5.0
商業	414	408	427	444	4.1
銀行・保険・ファイナンス	856	874	949	977	3.0
専門科学技術サービス	304	320	NA	NA	NA
教育	488	499	NA	NA	NA
保健衛生	460	457	NA	NA	NA

注：＊雇用者総数は非正労働者を含む推計。
〔出所〕中央銀行

失業率・失業者数（各年平均）

〔単位：％〕

	2019	2020	2021	2022	2023
失業率（季節調整済み）	3.8	4.4	5.0	3.8	3.5
男性	3.7	4.5	5.0	3.9	3.6
女性	3.9	4.1	4.9	3.7	3.3
移民	3.4	4.2	4.8	3.1	2.9
失業者（1,000人）	156.8	177.0	206.3	163.4	157.3

〔出所〕中央銀行

《失業率》

　中央統計局によれば、2023年の失業率は3.5%（月平均、季節調整済み）と、2022年の3.8%より03ポイント減で、うち男性は3.6%、女性は3.3%であった。2023年末の失業者数は15万7,300人で前年末の16万3,400人よ6,100人減であった。新型コロナ禍前後の失業率推移をみると、2019年は3.8%、2020年は4.4%、2021年は5.0%と上昇したが、経済回復とともに2022年以降現時点まで低下した。

《ヒスタドルート（労働総同盟）》

　1985年に導入された経済安定化計画（ESP,Economic Stabilization Plan）は、現在に至るイスラエル経済の発展方向を規定した分水嶺になっており、基本的にネオリベラリズムに基づく金融・労働市場などの自由化とグローバリズムへの展開が特徴である。政府や公共機関の職員が加盟するイスラエル最大の労働組合ヒスタドルート（労働総同盟）は、これまで幾度となく政府と対立し、ストライキを繰り返してきた。ESP後、イスラエルの労働市場は大きな影響を受けこの結果としてヒスタドルートの地盤沈下を招来する次の状況が生まれた：イ）インフレ率の急落に伴いヒスタドルートの政労使交渉に対する期待が低下した。ロ）1990年以降の集中的な旧ソ連圏からの移民流入と質的にも多様な労働力の参入は労働市場を大きく変動させた。ハ）IT関連労働力は労組による交渉で労働条件を決定するより個人レベルでの交渉が多く、それがヒスタドルートの役割を低下させた。二）年金基金の運用におけるヒスタドルートの役割が停止した。（2003－2004年に導入された年金制度改革においてヒスタドルートが保管・運営していた年金基金が国有化、その後そのまま民営化され年金基金の大部分は社債や株式市場に向かったため、この政策はヒスタドルートの弱体化と金融資本市場強化の二律相反方向が明確となった）。ホ）金融産業コングロマリットとしてのヒスタドルートは、製造業・建設業にまたがる巨大産業グループと大銀行であるハポアリム銀行を保有経営してきたが、従来見られたインセンティブ（補助金支援、優先的受注など）が基本的になくなった。ヘ）占領地パレスチナ人の抵抗運動は西岸・ガザの低廉な労働力依存の比率を相対的に減らし東南アジアやアフリカなどからの合法・非合法の労働力の導入が増加した。などである。

　（出所：「イスラエル経済：グローバル化と起業国家」中東レビュー第4号アジア経済研究所）

3 賃金・物価・家計消費

《賃金事情》

　1987年に「最低賃金法」が制定され、1997年の法改正により最低賃金は平均賃金の47.5％に定められている。中央銀行によれば全労働者1人当り平均賃金は、2023年は1万2,388シェケル（実質1万820シェケル）で前年比2.8％増えている。公共部門は6.5％増と、民間部門の4.9％増を上回った。それを上回って伸びているのがイスラエル人の賃金で、2023年は全体平均の名目で1万2,773シェケル（実質1万1,156シェケル）、民間部門は1万3,789シェケル（同1万1,156シェケル）と前年に続き1万3,000シェケルを超えた。また、2011年を100とした実質賃金平均指数をみると、2023年は全体で125.9（前年比1.2％増）、民間部門131.9（同0.8％増）、公共部門は115.2（同2.3％増）といずれも上向いた。

《消費者物価》

　2023年の消費者物価指数（CPI、2022年＝100）の伸び率は前年比4.2ポイント増の4.3％とイスラエル中央銀行が年間のターゲットレンジとしている1〜3％を大きく上回った。支出項目別では、衣類・履物を除くすべての項目で前年比増となり、最も家計に負担の重い住居費（ウエイト260.2）が前年比6.0ポイント増加の6.2％に上昇し、次いで交通・通信（同175.3）が同5.7ポイント増の5.9％、食料品（果実・野菜を除く、ウエイト149.2）が同4.5ポイント増の4.5％、教育・文化・娯楽（ウエイト101.1）が同2.7ポイント増の2.7％となった。唯一前年比減となったのが衣類・履物（同29.6）で同8.0ポイント減のマイナス7.8％となっており、紛争拡大・長期化などの影響によるものとみられる。直近では、2024年（＝100）のCPI伸び率は全体で2.6％に低下しており（前年5.4％）、主な分野では食料品が3.5％、住居が3.3％に低下した。一方、衣類・履物がマイナス6.8％、家具はマイナス4.5％と全体的に落ち着いてきた。

《家計消費》

　イスラエルの2023年における世帯動向を直近3年間で比較すると、総世帯数は2021年比15万3,500世帯増加し292万300世帯に達した。このうち、1世帯当たりの平均構成員は同期比0.04人減少し3.19人となり、単身世帯が60万7,500世帯（全世帯の

部門別月額賃金推移

〔単位：シェケル、％〕

	2019	2020	2021	2022	2023	伸び率
〈外国人を含む全体〉						
名目賃金平均（シェケル）	10,482	11,166	11,441	11,766	12,388	5.3
民間部門	10,842	11,755	12,184	12,659	13,281	4.9
公共部門	9,785	10,156	10,137	10,138	10,794	6.5
実質賃金（2011年価格）	10,033	10,751	10,850	10,692	10,820	1.2
民間部門	10,377	11,317	11,553	11,504	11,601	0.8
公共部門	9,365	9,778	9,614	9,213	9,427	2.3
実質賃金平均（2011＝100）	116.7	125.5	126.4	124.4	125.9	1.2
民間部門	118.0	129.3	131.6	130.8	131.9	0.8
公共部門	114.5	119.7	117.5	112.6	115.2	2.3
〈イスラエル人のみ〉						
名目賃金平均（シェケル）	10,782	11,510	11,795	12,116	12,773	5.4
民間部門	11,155	12,205	12,649	13,120	13,789	5.1
実質賃金（2011年価格）	10,320	11,081	11,185	11,010	11,156	1.3
民間部門	10,676	11,751	11,995	11,923	12,045	1.0
前年比伸び率	2.5	10.1	2.1	△0.6	1.0	

〔出所〕中央銀行

消費者物価指数（CPI）上昇率（平均）

〔指数：2024年＝100〕

	ウエイト（％）	2022		2023		2024	
		指数	上昇率	指数	上昇率	指数	上昇率
食料品（除く果物・野菜）	148.5	92.3	4.5	96.4	4.6	100.0	3.5
果物・野菜	30.6	86.4	2.2	90.6	1.3	100.0	13.4
住居	267.9	91.5	3.2	97.0	6.6	100.0	3.3
住居維持修理	94.4	93.0	2.1	97.4	7.5	100.0	1.2
家具・備品	32.1	105.0	8.3	101.9	△0.3	100.0	△4.5
衣類・履物	26.6	112.6	△2.5	103.6	△4.5	100.0	△6.8
教育・文化・娯楽	93.4	94.8	2.9	97.3	2.9	100.0	2.0
健康	62.8	93.7	1.7	97.3	4.3	100.0	2.7
交通・通信	186.3	92.3	3.2	97.6	9.2	100.0	3.0
雑製品	57.5	91.1	1.5	94.6	4.3	100.0	1.9
全体（調整前）	100.0	93.1	3.1	97.0	5.4	100.0	2.6

〔出所〕中央銀行

市場環境

20.8%を占める)、構成員2名が73万9,800世帯(同25.3%を占める)、3名が41万3,100世帯(同14.2%を占める)、4名が45万3,000世帯(同15.5%を占める)、5名以上が70万6,800世帯(同24.2%を占める)という構成だった。

国際通貨基金(IMF)によると、イスラエルの1人当たり名目GDPは2023年に5万3,810ドルで世界第35位(日本は5万1,399ドル、世界40位)に達しており、物価が高いことを示している。社会における所得分配の不平等さを測る指標であるジニ係数は、2013年に0.360、2022年に0.345(Income distribution database, OECD)と10年間で0.015ポイント減少した。社会騒乱多発の警戒ラインとされる0.4を下回っており、物価高や所得の偏在はあるものの一定の秩序を保っている。

中央統計局によれば(2024年9月10日公表)、月間平均の名目家計支出額は、2015年に1万5,407シェケルであったが、2018年に1万6,475シェケル、2020年に1万3,517シェケル、2022年に1万7,600シェケルとパンデミック発生年の落ち込みから緩和時期を経て増加傾向にある。このうち2022年の住居費は全体の24.8%を占め、続いて交通・通信費が18.6%、食料品は14.5%などの順である。住居関連支出は住居費の他に住宅修理・維持も含めると全体の34.1%に達し、最大の生活コストである

10分位階級別住宅保有状況(年間収入別)2022年

/ 分位	全体	第10	第9	第8	第7	第6	第5	第4	第3	第2	第1
個人保有率(%)	62.7	78.0	74.5	72.6	71.6	70.8	56.6	60.7	52.8	50.3	39.0
部屋数(室)	4.3	5.0	4.8	4.6	4.5	4.3	4.2	4.0	3.7	3.7	3.5
家族人数(人)	2.8	2.3	2.4	2.6	2.6	2.7	2.9	2.8	2.9	3.5	4.0
賃借率(%)	32.4	18.2	21.8	22.8	24.4	25.5	39.9	33.7	42.5	43.8	51.3
部屋数(室)	3.2	3.6	3.2	3.5	3.6	3.4	3.1	3.3	2.9	2.8	3.0
家族人数(人)	2.4	2.1	2.1	2.3	2.4	2.3	2.1	2.4	2.3	2.4	2.8

〔出所〕中央統計局

4 輸送・通信事情

（1）輸送事情

中央統計局によれば（2024 年 9 月 10 日公表）、イスラエルの輸送の主力は道路輸送で、2023 年現在、舗装道路の総延長距離は 2 万 1,158 km、そのうち都市・近郊道路 1 万 2,180 km、地方道路が 6,983 km、接続道路が 1,995 km となっている。1980 年と比較すると、総延長は当時の 1.8 倍、都市・近郊道路は同 1.6 倍、地方道路は同 2.1 倍、接続道路は 2.0 倍と大きく発展した。主要道路の Highway 1（エルサレム～テルアビブ）、Highway 2（テルアビブ～ハイファ）は整備が行き届いており、また highway 60（180 km）はイスラエル縦断道路でハイファと南部の砂漠都市ベエルシェバ（Be'er Sheva）を結ぶ。

中央統計局によれば（2025 年 1 月 9 日公表）、民間の自動車保有台数（各年末時点）は 2023 年に 410 万台で、2017 年（337 万台）から 124 万台増加した。うち個人所有の乗用車自動車が 355.6 万台（全体の 86.7％を占めた）で、貨物自動車が 30.7 万台（同 7.5％）、二輪車が 16.8 万台（同 4.1％）であった。イスラエルの乗用車保有台数の 2022 年国際比較をみると（イスラエルを含む 22 カ国の 1,000 人当たり保有台数、中央統計局 2024 年 9 月 23 日公表）、1 位ポーランド（699 台）、2 位イタリア（682 台）、3 位フィンランド（666 台）、17 位日本（497 台）、18 位英国（493 台）、22 位イスラエル（363 台）などの順であった。

《バス輸送》

中央統計局によれば（2024 年 7 月 21 日公表）、公共輸送の中心はバス輸送で、2023 年の輸送走行距離は 7 億 6,800km、バスの保有台数は 1 万 2,358 台、座席数は 51 万 3,000 席、業界の就業者は 2 万 2,479 名、年間収入 (2015 年価格) は 21 億 2,200 万シェケルと 2019 年ピーク時（44 億 2,700 万シェケル）から半分以下に落ち込んだ（定期運行路線のみ）、紛争の影響によるものとみられる。

最大のバス運行会社は Egged Israel Transport Cooperative Society 社（Egged 社）で、80 年以上にわたり、エッグドのバスは、ダンからエイラートまで、地中海沿岸からエルサレム旧市街を経由してアラバの国境地点まで、4,500 人のプロドライバーにより年間 2 億

> 市場環境

6,500万人の乗客を輸送してきた。エッグド社のバス運行サービスはイスラエル全土をカバーし1日当たりの輸送回数は2万3,000回に達し、世界第2位の営業規模を誇る。従業員数は5,300人、保有バスは、市内バス2,000台、都市間バス1,000台、連結バス400台、電気バス60台、ミニバス40台など。イスラエル各都市間のほか、キブツ・モシャブ・ユダヤ人入植地などを結び、ハイファやテルアビブとエイラットを結ぶ路線は夜行バスも運行している。テルアビブでのバスサービスはダンバス社（Dan Bus Company）が最大で、ダン社は1,200台のバスを運行し、従業員2,400人が毎日約60万人以上の乗客輸送を担当している、次いでHolonに本社を置くカビム社（Kavim）が2000年に設立され、東部のグシュダン地域の輸送を担当している（出所：各社HP）。

《鉄道輸送》

イスラエルに鉄道が建設されたのは1892年（オスマン帝国統治）にまで遡るが、その後、英国統治（1918年以降）を経て、1948年のイスラエル建国に伴って、現在は政府出資100%のイスラエル鉄道（Israel Railways corporation Ltd.）に引き継がれている。

中央統計局によれば（2024年8月13日公表）、2023年の輸送量は旅客が前年比14.2%増の6,250万人、貨物が同9.3%減の595万4,000トン、総延長距離は1,511km、軌間は標準の1,435㎜である（2018年にテルアビブ‐ベン・グリオン空港‐エルサレム間鉄道が開通して以来、架空25kV 50HzのAC電化による旅客鉄道網の電化が進められてきた。イスラエル鉄道は2024年工事が70%完了したと推定され、2027年に完全な電化が正式に予定されている）。車両数は旅客用947輌、貨物用867輌。車両、信号は欧州企業により整備されているため、基本的に欧州の仕様に準じている。

2023年の鉄道収入は前年比14.5%増の15億7,341万シェケル（2015年価格）、このうち旅客輸送が同12.7%増の11億8,972万シェケル（全収入の75.6%を占めた）、貨物輸送が同11.0%減の1億4,040万シェケル（同24.4%）と旅客収入が牽引役となっている。

《ライトレールLRT》

パープルラインは、イスラエルのテルアビブ都市圏で建設中のライトレールトランジット（LRT）路線である。この路線は、テルアビブ大都市圏の大量輸送システムの一部として運営され2番目の開通路線になると期待されている。パープルラインは27km（17マイル）の長さで、43の駅でサービスを提供し、テルアビブの市内中心部と、東部郊外のイェフドとギ

バト・シュムエルを結ぶ。建設は2018年に開始され、2023年7月には同路線の資金調達が確保され、本格的に着工することができた。本路線は2027年に開通する予定で、推定建設費用は110億NISである。パープルラインは、テルアビブ中心部の道路レベルを走行する唯一のテルアビブLRT路線であり、完成すれば全線が地上にある唯一の路線となる。

《航空輸送》

中央統計局によれば（2024年7月21日公表）、2023年の搭乗客数（離着陸計）は前年比9.9％増の2,111万人と2000年比（961万人）2.2倍増に拡大した。航空貨物取扱量（積み下ろし計）は同9.1％減の33万5,818トンで、2000年（33万6,186トン）以降伸び悩んでいる。航空輸送全体の収入は、2023年が前年比9.1％増の39億8,500万シェケルであった。コロナ禍中の2021年（12億5,400万シェケル）から大幅に回復した。

エル・アル航空はイスラエルの国営航空会社で、テルアビブのベン・グリオン国際空港をハブとしている。当社は、イスラエルと米国との深い交流などから、過去から現在に渡りほとんど米国製機材でその多くがボーイング社製で占められている。2023年にはボーイング機の事故、品質問題、不正などで一時期エアバス機導入も検討されたが、2024年6月に737MAX約30機について、ボーイングおよび航空機リース会社と独占交渉を行う旨発表した。

(2) 通信事情

《通信サービスの現状》

①固定電話：大手事業者Bezeq固定通信サービスにおける独占体制は1999年6月に終了し、数社が市内通信サービスを実施しているが、PSTN方式の固定電話市場での同社の独占は現在も事実上続いている。一般免許を有する事業者はVoIPサービスを提供することができ、ISP大手のPartnerやCellcomなどがサービスを提供している。2022年の固定電話加入数は357万件で2018年（320万件）から37万件増加し、同加入率も39.5％と2018年を1.7ポイント上回った。

②携帯電話：ネットワーク事業者は018Xfone、Cellcom、Partner、Bezeq子会社Pelephone、HOT子会社HOT Mobileの5社である。この5社はいずれも2015年の1800MHz帯の入札で取得した帯域でLTEサービスを実施している。LTE網に

■ 市場環境

ついては、018Xfone、Cellcom、Golan Telecom の 3 社、また Partener と HOT Mobile の 2 社がそれぞれネットワーク共有契約を結んでいる。5G サービスは 2020 年に開始した。2022 年の携帯電話加入数は 1,375.8 万件で 2018 年比 28.6%増加し、同電話加入率は 152.2%と同比 25.7 ポイントも上回った。

③インターネット・ブロードバンド：ブロードバンド・サービス加入者数は 2022 年に 265.5 万人であったが、2023 年 9 月時点で同加入者数は約 296 万に膨れ上がった（2022 年加入率は 29.4%で 2018 年比 0.6 ポイント上回ったのみ）。大手事業者は Bezeq、Cellcom、Partner、HOT で、この 4 社で固定ブロードバンド加入シェアの 9 割以上を占めている 2022 年 5 月時点で、125 万戸が光ファイバに接続可能である。同社のサービスの最大接続速度は 2.5Gbps に達し、屋内 Wi-Fi 接続でも 1Gbps が可能であるとしている。

《放送サービスの現状》

- 地上放送：公共放送 KAN が 3 系統（総合放送、アラビア語放送及び教育放送）を実施している。商業放送には Keshet media group が運営する「Keshet12」、Reshet 社が運営する「Reshet13」がある。
- 有料放送：衛星放送は Bezeq の子会社である Yes が 150 チャンネル以上を提供している。2001 年 7 月に自由競争となったケーブルテレビ事業は、2003 年に Zahav、Matav、Tevel の主要 3 社が合併して設立された HOT が市場を主導し、200 余りのチャンネルを提供している。（出所：「世界情報通信事情・イスラエル」日本総務省）

通信サービス加入数

〔単位：1,000 件、%〕

	2018	2019	2020	2021	2022
固定電話回線数	3,200	3,140	3,370	3,500	3,574
普及率	37.8	36.5	38.5	39.3	39.5
ブロードバンド加入者数	2,435	2,481	2,602	2,657	2,655
普及率	28.8	28.8	29.7	29.9	29.4
携帯電話加入者数	10,700	11,700	12,270	12,500	13,758
普及率	126.5	135.9	140.1	140.4	152.2

〔出所〕日本総務省「世界情報通信事情」

5　教育・医療事情

(1) 教育事情

　教育省が主に教科部門を、地方自治体教育局が学校の運営・管理を管轄している。民族、宗教、文化などの背景が異なる人々が共存する社会であることから学校の形態も多様であり、大別すると公立学校（通常のユダヤ人子女の多くが通う）、公立宗教学校（ユダヤ教の教典、伝統、慣習に重点を置く）、アラブ・ドルーズ学校（イスラエル・アラブ人、ドルーズ族の子女が通い、アラビア語、アラブ・ドルーズの伝統、慣習に重点を置く）、独立学校（正統派ユダヤ教団体が提携するユダヤ教宗教学校）の4つに分類される。

　教育省は多様な要求に応じるため多くの科目を選択制としており、各学校の教師も広範な選択範囲の中から適当な教材、カリキュラムを選び得るシステムとなっている。また、保護者はPTAなどを通じて、教材、カリキュラム、文化活動の内容などについて影響力を行使できる。OECDによれば（教育システムの概要 EAG 2024）イスラエルの義務教育は、3歳から17歳までの合計14年間で、これはOECD平均の11年を上回っており幼児期の早期教育を重視している。また、学生一人当たりの年間平均支出額はイスラエルの初等教育から高等教育までで1万1,111米ドル、このうち、一人当たりの支出を教育レベルでみると、初等教育が1万1,327ドル、中等教育が1万464ドル、高等教育が1万2,239ドルである。ちなみに、イスラエルの中期教育教員の給与は2023年5万4,430米ドルに達し、法定最低給与より74%高い(最低資格者初任給3万1,201ドル)のが現状である。

◎学校制度：7〔就学前幼稚園（幼稚園年長）を含む〕・3・3制。就学前幼稚園（年長学年）（5歳）、小学校1～6学年（6～12歳または5～11歳）、中学校1～3学年（12～15歳または11～14歳）、高等学校1～3学年（15～18歳または14～17歳）。
◎学校年度：9月初め～6月末（太陰暦によるため、毎年若干の変動がある）。就学年齢基準日は1月1日（2021年）。学期制は基本が3学期制で2学期もある。
◎カリキュラム・教授言語：基本的なカリキュラムは教育省のガイダンスによるものであるが、地域/保護者の宗教観/政治的背景、学校により差がある。授業言語は、ユダヤ人の通う学校ではヘブライ語、アラブ・ドルーズ族の通う学校ではアラビア語である。
◎義務教育段階の学費：無料（ただし教科書および教材費、文化活動費等は父母負担）

◎義務教育以降：大学：軍役義務（女子2年、男子2年8ヵ月）終了後になるため、年齢は一定していない。学士課程、1年生〜3年生（学部、専攻分野によって4年まで）、修士課程、5年の間に終了しなければならない。博士課程、学部、専攻分野によって異なる。義務教育課程終了後は卒業試験（全国共通でバグルートと呼ばれる）の結果に基づいて、上位学校への進学が行われている。

(2) 医療事情
概　況

　イスラエルの気候は地中海性気候で、夏季は日差しが強く、テルアビブでは最高気温が30℃を越える一方、冬季は最低気温が10℃以下まで下がる。また、標高800mのエルサレムでは5℃以下まで下がり、寒暖の差が激しくなる。12月から2月は毎月10日程度雨が降り、年間降水量は500mmを越えるが、南部の砂漠では100mm未満でほとんど降雨がない。日本との自然・生活等の環境が全く異なるイスラエルでは、環境ストレスへの適応不足などにより体調不良に陥る場合もあり注意点が多い。

　都市部は総じて医療水準が高く、外国からのメディカル・ツーリズムに対応している病院も多数ある。医療費は私立病院を中心に高額で、旅行者や短期滞在者は治療・救援費を補償する海外旅行者保険等に加入しておく必要がある。救急外来の受診料は4〜5万円程度だが、入院すると1日あたり一般病棟で15万円以上、集中治療室で60万円以上請求される。なお、救急外来は公的病院にしか設置されていない。一般外来は、各病院のメディカル・ツーリズム部門などを介して予約が必要である。専門医の診察は1回につき7〜9万円を要する。金・土・祝日は休診のため、緊急時は救急外来を受診する。救急医療体制は整備されており、24時間365日対応しているが、紛争継続等により医師や看護師不足が顕著で、救急外来では数時間以上待たされることが頻発する。ほとんどの医師は英語を話すが、受付、技師、看護師はヘブライ語またはロシア語しか話さないことが多く、意思の疎通にしばしば苦労する。受診の際は、必ずパスポートを持参すること。電話で救急通報（101番）し救急車を呼べば、救急隊員が病状を判断して近隣の救急外来に搬送してくれる。市内の救急搬送は1.5万円程度だが、料金は、救急車を利用した時間帯、搬送距離、搬送後に入院となるか否かにより異なる（妊婦の搬送は5割増し）。

　かかり易い病気・怪我としては、日射病・熱中症、交通事故、旅行者下痢症、花粉症、

結膜炎、頭シラミ、毒蛇・サソリ、など。このため、上水道は、淡水化海水と地下水を水源としており飲用可能だが、硬水であるため下痢をしやすくまた時折汚染があるため、その際は保健省から地域ごとに水道水の使用中止を警告する（浄水器やボトル水の利用が不可欠である）。感染症については定点報告で集計されており、水痘、消化器感染症、クラミジア症（まれにポリオ：2022年）の流行が認められる。暑気にもかかわらず食品衛生管理が厳しくないため、加工食品へのサルモネラ菌やリステリア菌の混入がしばしば報告される。

(出所：「世界の医療事情　イスラエル」日本外務省)

《国民健康保険法》

イスラエルの国民健康保険(NHI)法は1995年以来、「健康保険は、・・正義、平等、相互扶助の原則に基づくべきである」と規定している。このコミットメントの下、全ての居住者は医療サービスを受ける権利がある。居住者は、申請するすべての人をカバーする必要がある4つの競合する非営利健康保険から1つを自由に選択できる。すべての居住者は、政府によって義務付けられている給付バスケットに含まれるすべてのサービスを受ける権利がある。中央政府は、保健省を通じて、公衆衛生と医療システムの全体的な機能に責任を負っている。NHIの健康保険を監督および協力し、母子保健センターの大規模なネットワークを所有および運営しており、これは国の急性期治療の病床容量の約半分、精神科の病床容量の約80%である。3保険の資金調達に加え、中央政府は公衆衛生サービスに資金を提供し、出生前および予防ケア、乳児発達検査、伝染病監視、スクリーニング、施設介護など、他の特定の医療サービスの提供と資金提供に直接責任を負っている。

イスラエルのNHI制度は、主に所得関連の健康税(22歳以上の個人の所得の5%)と、主に個人が支払う累進所得税によって財源となる一般政府の歳入によって賄われている。既婚女性、子供、および国民健康保険から除外されているすべての人(兵士など)は、健康税が免除される。政府は、NHIの予算を4つの医療プラン（注）について、主に性別、年齢、加入者の地理的分布、5つの慢性的病気を考慮した医療ケアを通じて分配される。

(注) NHIの4つの健康保険(クラリットClalit、マッカビMaccabi、メウヒデットMeuhedet、レウミットLeumit)は、ケアの組織化に対し異なるアプローチをとる。最大の健康保険クラリットは、所有および運営する診療所でほとんどのプライマリケアを提供する。典型的なクリニックは、3～6人の一般開業医(GP)と数人の看護師、薬剤師、その他の専門家を擁する。クラリットはまた、個人開業医で働く独立した医師と契約しており、クラリット地区の

> 診療所での管理および非医師サービスへのアクセスもある。他の3つの健康保険も、学際的なクリニックと独立したプライマリケアの実践を組み合わせている。マッカビ(2番目に大きいプラン)とメウヒデットでは、プライマリケアのほとんどすべてが独立した医師によって提供されているが、レウミットではクリニックモデルが優勢である。

一方、民間健康保険も国民の医療支援の役割を担っている。2016年には、民間の任意健康保険が国民医療費の14%を賄った。4居住者は、4つのNHI非営利プランと営利目的の商業プランから任意健康保険に加入できる。NHIプランは申請者を拒否することはできず、保険料は年齢のみに基づいている。商用のプライベートプランは、より包括的で、より個別に調整され、より高価になる傾向があり、雇用主、組合、キブツなどの個人またはグループが購入可能である。ほぼすべての個人が、NHIプランまたは民間保険会社のいずれか、あるいはその両方から民間保険に加入している。2016年には、イスラエルの成人人口の84%がNIHの民間保険プランに加入しており、57%が民間の民間保険プランに加入していた。任意健康保険は、NHI制度から除外された給付(成人の歯科治療、特定の医薬品、代替医療)をカバーするとともに、NHIがカバーする給付へのアクセスを拡大し、民間プロバイダーへのアクセスを提供し、アメニティの改善とケアへの迅速なアクセスを提供するという補足的な役割を果たしている。任意健康保険の加入数が多いのは、重症化した場合に必要なすべてのサービスを提供可能で、NHIシステムによる医療サービスの不足を補う役割を果たしている。

《介護と社会的支援》

介護はNHIの対象外であるが、別途補償される。政府は、一般税を通じて長期介護サービスに公的資金を提供している。2014年には、65歳以上の障害を持つ成人の86%が地域に根ざした長期介護を受け、残りの14%が施設での長期介護を受けた。15地域に根ざした介護サービスは、長期介護の総支出の52%を占め、そのうち67%は公的資金であった。成人人口の約半数が民間の介護保険に加入している。施設介護融資は、保健省によって助成され、ニーズとテストに基づいて授与される。これらの補助金は通常、プロバイダーに直接支払われるが、家族はプロバイダーに支払うため現金で補助金を受け取ることも可能である。

地域に根ざした長期ケアは、National Insurance Instituteによって資金提供されており、障害を持つ地域に住む高齢者のためのパーソナルケアとハウスキーピングサービスが含

まれる。さらに、National Insurance Institute は、デイケアセンターの広範なネットワークと、支援的な地域のネットワークを拡大中である。緊急通報サービス、医師の自宅訪問、社会活動も支援している。さらに、すべてのコミュニティでファシリテーターがソーシャルサポートとアパートの修理を支援する。

　NHI 健康保険は、地域に住む障害のある高齢者に対して、在宅介護などの医療を提供する責任がある。近年では、在宅医療チームや遠隔医療を通じて、臨床医(特に在宅高齢者)へのアクセスが増えており、老人ホームケアの約3分の2とほぼすべての在宅補助具は、民間の営利企業によって提供されている。

（出所：「International Health Care System Profiles - Israel」Common Wealth Fund）

《医療体制》
　イスラエルには7つの大規模病院（テルアビブの私立病院 Assuta Medical Center ほか、Rabin Medical Center、Soroka Medical Center、HaEmek Medical Center、Kaplan Medical Center、Carmel Medical Center、Meir Hospital）のほか、2023 年には合計 318 件の医療機関が運営されている（中央統計局、2024 年 10 月 10 日公表）。このうち、一般病院が 45 件、精神保健病院が 11 件、長期療養病院が 260 件、リハビリ専門病院が 2 件（老齢・リハビリ）である。22 病院が政府所有、他の公立病院はハダッサ医療センター（注 1）を含む 93 件、私立の医療機関は 178 件と全医療機関の 56.0％を占め最大である。一般的に 1 次医療施設は健康維持機構（HMO：Health Maintenance Organization）で最大の「Clalit」（国民の約半数が加入）などによって運営されているが、他の HMO は大都市では自らの診療所を運営し、小規模なコミュニティでは個人の診療所と契約している。

　　（注 1）ハダッサ医療センターは、1934 年に設立されたイスラエルの医療機関で、エルサレムに
　　　　　　2 つの大学病院(1 つはアインカレムに 1 つ、もう 1 つはマウントスコパスに 1 つ)を運営し
　　　　　　ており、イスラエルで 6 番目に大きい病院複合施設としてランク付けされている。

　中央統計局によれば 2023 年の医療従事者数等は合計 25 万 6,900 人で（2025 年 1 月 9 日公表）、うち医師 3 万 7,300 人（男性 2 万 1,900 人、女性 1 万 5,400 人）、看護師 4 万 7,300 人（男性 7,200 人、女性 4 万 100 人）、ベッド数は 4 万 7,913 床であった。2018-2022 年期間における 10 万人当たり死亡率で目立ったのは、心疾患が 47％、

市場環境

糖尿病が21%、脳血管疾患が19%、敗血症が17%、その他の感染症が17%、肺がん等が16%、などの順であった。2023年における平均余命（注2）は男性81.0歳、女性85.5歳であった。

　（注2）2023年10月7日から2023年末までに戦争により殺害された民間人と兵士1,250人を含む。

基礎データ

1 基礎事項

《国　名》
　イスラエル国（State of Israel）
　アブラハムの孫にあたるヤコブの別名イスラエルに由来する。

《建　国》
　1948年5月14日。英国は1948年5月14日をもって委任統治を終了した。

《国　旗》
　白地に青色でダビデの星を配し、上下にタリット（祈祷用肩掛け）の帯。

《国　歌》
　「ハティクバ（希望）」

《国家紋章》
　メノラー（7枝の燭台）の周りにオリーブの枝を配したもの。オリーブの枝はユダヤ民族の平和への願いを象徴している。

《位　置》
　アジア、ヨーロッパ、アフリカの三大陸の接点に位置する。北緯29～33度にあり、日本の九州とほぼ同緯度にある。最低地点はDead Seaで標高は海抜マイナス430m、最高地点はMount Hermonで標高2,814m。河川はヨルダン川（251㎞）のみ。

《面　積》
　2万2,072㎢（東エルサレムとゴラン高原を含む）、日本の四国よりやや広い。

《首　都》
　エルサレム（イスラエルの主張）
　テルアビブ（国際連合の主張）
　イスラエル・パレスチナ自治政府はエルサレムが「首都」であると宣言しているが、国

際社会はこれを認めておらず、各国がテルアビブに大使館や領事館を置くなど、テルアビブを事実上の首都とみなしていた。しかし、2017年12月に米国トランプ大統領が「エルサレムをイスラエルの首都」と認定する宣言を行い、2018年5月14日に米国大使館はエルサレムに移転した。

《総人口》

966万2,000人（ユダヤ人・非アラブ 762万3,300人、アラブ人 203万8,800人）（2023年、中央統計局）

《人口上位10都市：2023年平均推計 合計 758万5,100人》

Jerusalem	58万8,100人	Ashdod	22万5,200人
Tel Aviv	44万4,100人	Netanya	22万7,100人
Haifa	25万1,800人	Beersheba	20万6,300人
Rishon LeZiyyon	25万1,900人	Bnei Brak	21万7,300人
Petah Tiqva	25万8,000人	Holon	18万9,300人

《宗教》

ユダヤ教715万3,000人（73.7％）、イスラム教177万3,900人（18.3％）、キリスト教18万500人（1.9％）、ドルーズ教徒15万1,300人（1.6％）、合計969万9,200人（中央統計局 2024年12月30日公表）

《言語》

公用語はヘブライ語とアラビア語（英語もよく通じ、また旧ソ連からの移民が多いためロシア語人口も多い）。

《通貨》

シェケル（新シェケル、New Israel Sheqel：ILS または NIS）

1985年9月4日にデノミネーションを行い、旧1,000シェケルと等しい価値をもつ新シェケルが施行された。補助通貨単位はアゴラ（agora）で、新シェケルに対応する補助通貨は通常単にアゴラと呼ばれる。

硬貨：10 agora、1/2、1、2、5、10 新シェケル

紙幣：20、50、100、200 新シェケル

2 文化・社会

《放　送》

　2014年公共放送法（Public Broadcasting Law 2014）により、公共放送イスラエル放送協会（Israel Broadcasting Authority：IBA）を廃止、イスラエル放送会社（Israel Broadcasting Corporation：KAN）を設立し、IBAに代わる公共放送運営体とすることを定めた。

◎地上放送：2008年2月「地上デジタル放送法案」が承認され、2009年8月からDVBT方式で放送を開始した。アナログ放送は2011年3月末に終了、同年4月政府主導のデジタル放送プラットフォーム「Idan Plus」に完全移行。2022年時点、同プラットフォーム上で視聴可能な無料放送は7系統である。KANはDVB-T2方式での放送も実施中。KANが3系統（総合放送、アラビア語放送および教育放送）で放送を実施中。商業放送にはKeshet media groupが運営する「Keshet 12」、Reshet社が運営する「Reshet 13」がある。イスラエルでは、地上波で放送された番組はケーブルテレビおよび衛星放送でも放送が義務付けられている。

◎衛星放送：Bezeqの子会社であるYesが、150チャンネルの配信およびVODサービスを実施している。同社は2026年までに、段階的に動画配信サービス「Yes＋」へ移行する計画を発表している。

◎ケーブルテレビ：2001年7月にケーブルテレビ事業者に対する地域的な規制が撤廃され、自由競争となった。2003年にZahav、Matav、Tevelの主要3社が合併して設立されたHOTが市場を主導し、200余りのチャンネルが視聴可能である。（出所：令和5年度「世界情報通信事情　イスラエル」日本総務省）

《新　聞》

　TGI社（市場調査会社　英国Kantar Media社系）が実施したイスラエルで発刊中の新聞メディアの調査結果によると、ヘブライ語の新聞が中心であるが、英語、アラビア語、ロシア語など数ヵ国語の新聞が発行されている。イスラエルは、高い識字率と政治と時事問題への文化的関心の組み合わせにより新聞読者率が高い。一般的に読まれているのは以下の新聞（フリーペーパーを含む）である（TGI社2023年7月31日時点）。

（新聞）	（特徴）	（週日版）	（紙名英文訳）
① Israel Hayom	無料紙	29.4%	Israel Today
② Yedioth Ahronoth	無料・夕刊紙	22.3%	Latest News
③ Haaretz	ヘブライ語・英語・左派系	4.8%	The Land
④ Maariv	夕刊紙・反ネタニヤフ	3.9%	Evening

なお、経済専門紙としては、Globes（日刊）のほか、Calcalist（日刊）、TheMarker（日刊）が発行されているが、いずれもヘブライ語である。英語の新聞では、Haaretzのほか、The Jerusalem Post（英語・仏語）、Hamodia（ヘブライ語・英語・仏語、）も発行されている。

《休日・祝祭日》

ユダヤ教の教えに沿って休日、祝祭日が決められている。したがって、休日は安息日（シャバット）に従うため、原則毎週土曜日が休日となる。しかし、政府、民間企業など金、土の週休2日制をとっているところが多い。また、ユダヤ教では、日没から日没までを1日と数えるため、各祭日は日付の前日の夕方から始まるので、実質的に前日の午後は休みになる点に注意が必要。

祝祭日（2025年）

4月	12日	土	過ぎ越しの祭り初日前夜(エレブ ペサハ)
4月	13〜17日	日〜木	過ぎ越しの祭り(ペサハ)
4月	18日	金	過ぎ越しの祭り(エレブ ペサハ)
4月	19日	土	過ぎ越しの祭り(ペサハ)
4月	30日	水	独立記念日前夜(エレブ ヨムアツマウート)
5月	1日	木	独立記念日(ヨム アツマウート)
6月	1日	日	7週祭前夜(エレブ シャブオット)
6月	2日	月	7週祭(シャブオット)
9月	22日	月	ユダヤ新年前夜(エレブ ロシュハシャナ)
9月	23〜24日	火〜水	ユダヤ新年(ロシュハシャナ)
10月	1日	水	贖罪の日前夜(エレブ ヨムキプール)
10月	2日	木	贖罪の日(ヨムキプール)
10月	6日	金	仮庵祭初日前夜(エレブ スコット)
10月	7〜14日	火〜火	仮庵祭(スコット)

〔出所〕ジェトロ

3　関係機関

《主な政府機関》

首相府（Prime Minister's Office）
　住所：Kiryat Ben Gurion, Building C, Jerusalem 91950　電話：03-6109898
　https://www.gov.il/en/departments/prime_ministers_office

農業・食品安全省（Ministry of Agriculture & Food Security）
　住所：P.O.B.30, Bayit DaGan 5025001、電話：03-9485555
　https://www.gov.il/en/departments/ministry_of_agriculture_and_rural_development

通信省（Ministry of Communications）
　住所：Ahad Ha' am 9, Tel Aviv Yafo、電話：03-5198282
　https://www.gov.il/en/departments/ministry_of_communications

建設・住宅省（Ministry of Construction and Housing）
　住所：3 Clermont-Genneau St, The East Kiryah, P.O.B. 18110,Jerusalem 9118002
　https://www.gov.il/en/departments/ministry_of_construction_and_housing

国防省（Ministry of Defense）
　住所：37 Kaplan St, Tel Aviv 6473424、Fax：073-3233711
　E-mail：pniot@mod.gov.il
　https://www.gov.il/en/departments/ministry_of_defense

教育省（Ministry of Education）
　住所：2 Dvora Hanevi' a St, Jerusalem 9510402　電話：1-800-25-00-25
　E-mail：info@education.gov.il
　https://www.gov.il/en/departments/ministry_of_education

財務省（Ministry of Finance）
　住所：1 Kaplan St, Jerusalem 9195015　電話：02-5317111
　https://www.gov.il/en/departments/ministry_of_finance

■ 基礎データ

外務省（Ministry of Foreign Affairs）
　住所：Yitzhak Rabin Boulevard, Kiryat Haleon, Jerusalem 9103001
　電話：02-5303111
　https://www.gov.il/en/departments/ministry_of_foreign_affairs

経済・産業省（Ministry of Economy and Industry）
　住所：5 Bank Israel St, Jerusalem 919502　Call center：*6680
　https://www.gov.il/en/departments/ministry_of_economy

法務省（Ministry of Justice）
　住所：29 Salah A-Din, Jerusalem 9711052　電話：073-3923461
　https://www.gov.il/en/departments/ministry_of_justice

イノベーション・科学・技術省（Ministry of Innovation, Science and Technology）
　住所：P.O.B.49100, Jerusalem 9149002　電話：02-5411808
　https://www.gov.il/en/departments/ministry_of_science_and_technology

観光省（Ministry of Tourism）
　住所：5 Bank Israel, P.O.B.1018, Jerusalem 9100901
　E-mail：webmaster@tourism.gov.il　Call Center：02-6664200
　https://www.gov.il/en/departments/ministry_of_tourism

運輸・道路安全省（Ministry of Transport and Road Safety）
　住所：5 Bank Israel St, General Building, Government Complex A,
　　　　Jerusalem P.O.B. 867　電話：*4515（National Call Center）
　https://www.gov.il/en/departments/ministry_of_transport_and_road_safety

環境保護省（Ministry of Environmental Protection）
　住所：7 Bank of Israel Street, Jerusalem 9195024
　電話：073-2733351　e-mail：pniot@sviva.gov.il.
　https://www.gov.il/en/departments/ministry_of_environmental_protection

財務省関税局（Israel Tax Authority）
　Call center：*9848　電話：074-7619848
　https://www.gov.il/en/departments/israel_tax_authority

中央統計局（Central Bureau of Statistics）

　住所：66 Kanfei Nesharim Street, P.O.B 34525, Jerusalem 9546456

　E-mail：info@cbs.gov.il　電話：03-5681933

　http://www.gov.il/en/departments/central_bureau_of_statistics

《金融機関》

　イスラエル中央銀行（Bank of Israel）

　　住所：2 Bank Israel St, Kiryat Ben Gurion, Jerusalem

　　電話：02-6552211

　　http://www.boi.org.il/en/

《在イスラル日系機関》

　在イスラエル日本大使館（Embassy of Japan）

　　住所：The Museum Tower 19th & 20th Fl. 4 Berkowitz（Berkovich）St.,
　　　　　6423806 Tel − Aviv　電話：03-6957292　FAX：03-6910516

　　https://www.israel.emb-japan.go.jp/itprtop_ja/index.html/

　ジェトロ・テルアビブ事務所（JETRO Tel − Aviv）

　　住所：2nd Floor, Building A, Migdalei Aviv, Derech Menachem Begin 48,
　　　　　Tel-Aviv, 6618003 ISRAEL

　　電話：03-6881739　FAX：03-5379157

　　https://www.jetro.go.jp/israel/

　イスラエル日本商工会議所

　　（The Israel-Japan Friendship Society and Chamber of Commerce）

　　住所：P.O.B. 20166, Tel Aviv 6120101

　　E-mail：ioffice@israel-japan.org

　　https://www.israel-japan.org

《在日イスラエル機関》

　駐日イスラエル大使館（Embassy of Israel in Japan）

　　住所：〒102-0084　東京都千代田区二番町3番地

　　電話：03-3264-0911　FAX：03-3264-0791

　　http://embassies.gov.il/tokyo/pages/default.aspx

表索引

政治・社会情勢
- 2022年総選挙結果 …………… 17
- 国会議席数 ………………… 18
- 内閣閣僚名簿 ……………… 19
- 歴代首相 …………………… 22

経済動向
- 基礎的経済指標 ……………… 43
- 支出項目別実質GDP推移 …… 48
- 支出項目別実質GDP伸び率 … 48
- 産業別実質GDP推移 ………… 49
- 産業別実質GDP伸び率 ……… 50
- 支出項目別GDP ……………… 50

貿易・投資動向
- 輸出入動向 ………………… 52
- 主要商品別輸出 …………… 57
- 主要商品別輸入 …………… 58
- 主要国・地域別輸出（FOB）… 59
- 主要国・地域別輸入（CIF）… 60
- 対外・対内直接投資の推移 … 62
- 部門別対外・対内投資残高の推移… 63
- 経常収支の推移 …………… 68
- 対外資産・負債残高 ……… 69
- 対外債務残高内訳 ………… 70
- 対外・対内投資残高の推移 … 70
- 業種別対内投資額 ………… 71
- 外貨保有高 ………………… 72
- 為替レート ………………… 72

経済・貿易政策と制度
- 国家予算ファイナンス ……… 80
- 国家予算（歳入）…………… 82
- 国家予算（歳出）…………… 83
- 政策金利の推移 …………… 84
- 通貨供給量 ………………… 84
- 部門別年間インフレ率の推移… 84

対日関係
- 要人往来 …………………… 101
- 日本の対イスラエル貿易推移（円建）… 104
- 日本の対イスラエル貿易推移（ドル建）… 104
- 日本の対イスラエル主要輸出品 … 106
- 日本の対イスラエル主要輸入品 … 107
- 日本の対イスラエル直接投資 … 111
- イスラエルの対日直接投資 … 112

産業動向
- 農業生産指数の推移 ……… 115
- 主要農作物の生産量 ……… 116
- 主な農産物・食料品輸出 … 117
- 主な農産物・食料品輸入 … 118
- 主要畜産物の生産量 ……… 118
- 家畜・家禽飼育数 ………… 119
- 製造業の部門別生産指数 … 129
- 製造業の部門別雇用者指数 … 130
- 外国人観光客の動向 ……… 132
- ホテルサービス事情 ……… 132
- 建設動向 …………………… 134
- エネルギー事情 …………… 136

市場環境
- テルアビブの月平均気温・降水量… 137
- 総人口・生産年齢人口 …… 138
- 労働力人口 ………………… 139
- 雇用事情 …………………… 142

失業率・失業者数	142	通信サービス加入数	150
部門別月額賃金推移	145	基礎データ	
消費者物価指数（CPI）上昇率	145	祝祭日	160
10分位階級別住宅保有状況	146		

（執筆・編集：国別情勢研究会）

ARCレポート　イスラエル　2025/26年版

令和7年4月30日

編集・発行　ARC国別情勢研究会
〔〒101-0032〕東京都千代田区岩本町2-8-2
保科ビル新館3階
電話：03-5577-5408　FAX：03-6426-1286

取　扱　所　東京官書普及株式会社
〔〒101-0054〕東京都千代田区神田錦町1-2
電話：03-3292-2671

ⓒ ARC国別情勢研究会 2025 Printed in Japan　無断の複写転載はお断りします

ARCレポート（経済・貿易・産業報告書）は－

　JETRO 調査スタッフ OB を執筆陣とした国別情勢研究会が、海外の主な国・地域の経済情報を定規的な項目に整理した、正確（Accuracy）、最新（Recency）、整合性（Consistency）をそなえた国・地域別レポートです。

　月2ヵ国、年間24ヵ国、2年で48ヵ国を発刊し、主要国は2年、その他は3年を目途に更新します。

　現在の発行国は、以下のとおり。

　　アジア（16ヵ国・地域）
　　　韓国、中国、台湾、香港、インド、インドネシア、シンガポール、ベトナム、タイ、マレーシア、フィリピン、パキスタン、バングラデシュ、ミャンマー、スリランカ、カンボジア

　　欧州（15ヵ国）
　　　英国、ドイツ、フランス、イタリア、オランダ、ベルギー、スペイン、スイス、スウェーデン、フィンランド、ロシア、オーストリア、デンマーク、ノルウェー、ポルトガル

　　中・東欧（5ヵ国）
　　　チェコ、ハンガリー、ポーランド、ルーマニア、ウクライナ

　　中南米（7ヵ国）
　　　メキシコ、コロンビア、ベネズエラ、ペルー、チリ、ブラジル、アルゼンチン

　　中東（5ヵ国）
　　　トルコ、サウジアラビア、アラブ首長国連邦、イラン、イスラエル

　　アフリカ（4ヵ国）
　　　エジプト、ナイジェリア、南アフリカ、ケニア

　　北米（2ヵ国）
　　　米国、カナダ

　　大洋州（2ヵ国）
　　　オーストラリア、ニュージーランド

注：発行国は、予告なしに変更する場合があります。ご了承ください。